브라질의 역사

"이 저서는 2008년 정부(교육과학기술부)의 재원으로 한국연구재단의
지원을 받아 수행된 연구임" (NRF−2008−362−A00003)

브라질의 역사

김영철 지음

이담
Books

머리말

　브라질은 포르투갈이 도착하기 전부터 이미 많은 원주민들이 자연에 순응하며 평화롭게 살아가던 원주민의 땅이었다. 유럽이 그 땅에 발을 내딛으면서 브라질이 '발명'되었다. 브라질은 그 땅에 자생하고 있는 나무 '브라질'에서 따온 이름이다. 그 후의 역사는 브라질다운 것들을 만드는 시간이었다. 나라의 이름, 국명 자체에 역사의 흐름과 권력관계가 그대로 반영되어 있는 브라질의 역사는 지배자가 만든 역사인 것이다.

　유럽인들이 도착한 이후 브라질은 엄청난 변화를 겪었다. 땅의 주인은 변경지역으로 밀려나고 자연환경에 적응하기 어려운 문화들이 유입되었다. 지배와 피지배의 관계가 원주민과 백인에서 백인과 흑인으로, 아메리카 문화와 유럽 문화에서 유럽 문화와 아프리카 문화로 바뀌었다. 발명된 브라질은 지난 500년 동안 정치적, 인종적, 문화적, 종교적 위계질서가 한 번도 바뀌지 않고 그대로 유지되었다. 경제적으로도 브라질은 유럽을 발전시키는 데 필요한 자원을 공급하면서 자생적 발전이 불가능한 상태로 종속관계가 분명했다. 독립은 이런 관계 변화를 요구하는 외침이어야 하지만 권력관계에 어떤 변화도 없이 진행되었다. 공화혁명도 왕권은 사라졌지만 몇몇이 지배하는 과두제로 유지되었다. 신국가체제, 제한적 민주주의, 권위주의 체제와 민주화에도 권력관계가 변하지 않았다. 결국 브라질의 역사는 권력관계가 일상생활을 지배하는 과정을 설명하는 것이라 할 수 있다.

이 책은 부산외국어대학교 중남미지역원의 HK사업 중 선도연구과제인 '종속의 Matrix'의 역사와 문화 분과의 내용을 포함한다. 1단계 연구 주제인 '아메리카'와 '라틴'의 역사성. 토착문화와 유입문화의 만남 그리고 일상문화의 아비투스를 연구하는 결과물이다. 이런 연구를 진행하면서 브라질 역사 연구가 필요하여 기초 자료로 활용할 수 있도록 이 책을 출간하게 되었다.

중남미지역원
김영철

차 례

1. 주인이 사라지는 땅

브라질 땅의 주인들

30,000년 전부터 브라질에는 수백의 부족과 어족이 살고 있었다. 발견 당시 브라질에 거주하고 있던 원주민의 정확한 숫자는 파악하기 어렵지만 윌리엄 데네반(William M. Denevan)은 아마존 지역에만 3,625,000명이 거주하고 있고 다른 지역에도 4,800,000명이 살고 있어 전체적으로는 8,425,000명에 이르렀을 것으로 추정한다. 영국의 역사학자인 존 헴밍(John Hemming)은 약 2,431,000명의 원주민이 브라질에 있었다고 추산한다. 그 외 아마존에만 5,000,000명이 거주하고 있었다고 보는 학자들도 있다. 학자들이 주장하는 내용을 종합해보면 최소 약 2,400,000명에서 최대 약 8,500,000명이 살고 있었을 것으로 예상된다. 확실한 것은 브라질이 발견되었을 때 브라질 원주민 인구수가 포르투갈 인구보다 훨씬 많았다는 것이다. 유럽의 역사가들은 아마존 지역과 해안선을 따라 많은 원주민들이 거주하고 있었다는 주장에 대부분이 동의한다. 원주민들은 새롭게 도착한 포르투갈인들

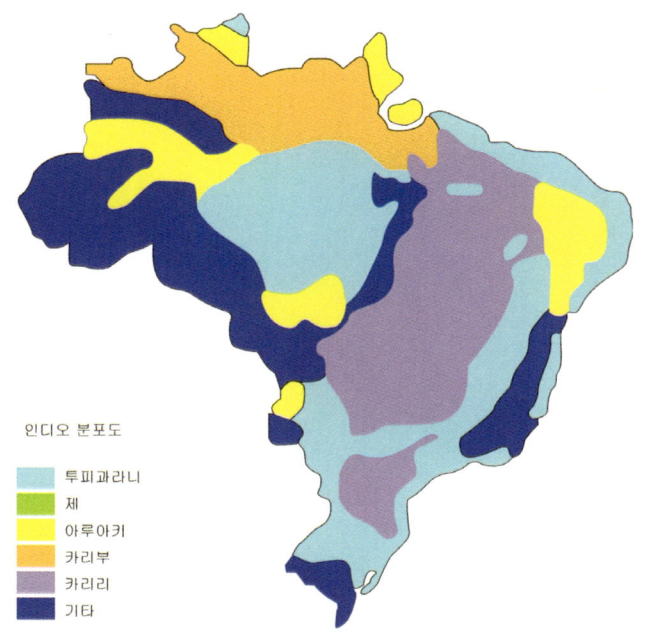

인디오 분포도

- 투피과라니
- 제
- 아루아키
- 카리부
- 카리리
- 기타

그림 1) 브라질 발견 당시 원주민 분포도

과 금을 교환하기 위해 우호적인 태도를 보였고 그들에 대해 호기심을 나타냈다. 포르투갈인과 원주민의 만남에도 콜럼버스의 교환법칙이 그대로 적용되었는데 원주민들은 면역력이 없는 천연두, 홍역, 결핵, 장티푸스, 이질과 감기 등의 질병에 걸려 많은 사람이 죽었다. 물질적으로는 아메리카에서 생산되는 금과 귀금속, 천연자원들이 유럽으로 수탈되었다. 식민 초기에는 1차 자원이 주요한 상품이었지만 유럽에서 산업화가 진행되면서 공산품들이 브라질에서 불평등 교환 조건을 기반으로 유입되었다.

포르투갈인들이 만난 원주민들은 크게 4개 어족으로 구분된다. 첫째는 제(Ge)어족으로 브라질 중앙 고원과 산림지역에 분포하고 있었다. 둘째는 투피(Tupi)어족으로 포르투갈인들이 브라질에서 처음 만난 사람들이었는데 주로 해안지대를 중심으로 분포하고 있었다. 셋째는 카리부(Carib)어족으로 북부와 아마존 지역에 거주하고 있었으며 카리부인과 먼 친척 관계인 것으로 추정된다. 넷째는 아라와크(Arawak)어족으로 역시 아마존에 거주하고 있었으며 중앙아메리카를 거쳐 플로리다에 정착한 아메리카 원주민 어족과 언어적인 친족 관계이다.

그 외에도 많은 어족들이 있었으나 대부분이 포르투갈인들이 도착하면서 내륙의 정글 속으로 숨었다. 도널드 소여(Donald Sawyer)는 마투그로수 북서부에 남비쿠아라(Nambicuara)어족이 분포하고 있었다고 주장한다. 포르투갈인들은 초기 식민 사업에 원주민들을 동원했으나 육체적·정신적인 이유로 노동력을 이용하는 것을 포기했다. 그렇지만 원주민 노동력이나 정복의 필요성이 생겼을 경우에는 원주민 간의 문화차이나 경쟁을 이용하기도 했으며, 필요에 따라서는 원주민 부족과 동맹을 맺고 다른 부족들과 싸우는 경우도 있었다.

이와 같이 브라질에는 많은 원주민들이 살고 있었지만 멕시코의 마야 문명이나 아즈텍 문명과 같은 고대 문명이 발달하지 않았고 페루의 잉카왕국처럼 고도로 조직화된 정치 체제를 구축하고 있지도 않았다.

투샤우아의 지배

브라질 원주민 공동체는 투샤우아(tuxaua)가 정치적 지도자였다. 투샤우아가 결정하는 내용에 따라 집단이 움직이는 방향이나 활동들이 정해졌다. 원주민들은 평상시에는 정글 곳곳에 흩어져서 생활하다가 전쟁이 발생하면 전쟁 지도자 모루비샤바(morubixaba)를 중심으로 모여들었다. 부족회의에서는 전쟁, 사냥거리 부족에 따른 이동 등에 대해서 논의하고 결정했다. 말하자면 부족회의가 전체를 대표하는 상부조직인 것이다.

원주민들은 자기 구역 내에 사냥거리가 부족할 때나 간단한 농사를 지을 기름진 땅이 필요할 때 집단 이주를 하거나 이웃 종족들과 전쟁을 벌였다. 원주민들은 종족 구성원 간의 유대가 상당히 강하고 복수심도 강해 부족 중 누군가가 다른 부족으로부터 공격이나 모욕을 받을 시에는 부족 대 부족 간의 전쟁으로 확대되기도 했다.

전쟁은 원주민들의 가장 정치적인 활동이었으며 전쟁을 통해 부족의 영향력과 사냥 지역을 확장시켰다. 전쟁에서 다친 사람들이나 그 미망인 또는 그 자식들은 투샤우아가 손수 만든 적의 이빨들로 장식된 파리우치라(o pariuate-rá)라는 목화 띠를 사용하여 단체 노동에서 열외된 채 부족의 재정적 지원을 받았다.

물신을 숭배하는 사람들

원주민들의 신앙은 하나의 큰 신 아래에 작은 신들이 있는 삼위이체의 성격을 띠고 있었다. 모든 사람들의 어머니이며 태양신인 과라시(Guaraci)가 있고 숲과 평원에서 사냥으로부터 보호하는 신인 안냥가(Anhangá)가 있다. 안냥가는 모든 사냥꾼으로부터 동물을 보호하는 신이었기 때문에 사냥에서 살아남으면 안냥가 신이 자신을 보호해

준 것이라 믿었다. 또한 숲의 신인 카아포라(Caapora)와 물고기의 신인 우아우이라(Uauira) 등이 있었다. 폐루다 혹은 루다(Perúda ou Rudá)는 구름 속에 살고 있는 재생산과 사랑의 신인데 여행을 보호하는 엠보이아—아라라(Mboia-arara) 보조신, 초생달의 신이 카이티티(Caititi), 보름달의 신인 코이레(Coiré) 신이 있다. 식물을 지배하는 달의 신인 자시(Jaci)가 있고, 보조신으로 식물을 보호하는 사시—페레레(Saci-pererê), 도깨비불의 신인 보이타타(Boitatá), 밤의 신인 우루타리(Urutari), 물의 신인 보이우나(Boiuna) 등이 있다. 현대 브라질인들에게도 널리 알려져 있는 신은 카이포라, 우아우이라, 사시—페레레 등이다. 이 외에도 쿠루피라(curupira)가 브라질 아동 소설에 많이 나오며 나무를 이유 없이 베는 자로 하여금 길을 잃게 한다고 전해진다.

또한 원주민들은 악령들이 자신의 신체 각각의 부위를 통해 침범할 수 있다고 믿고 몸에 붉은색을 칠하면 악력이 들어오지 못한다고 믿었다. 그래서 원주민들이 축제를 열 때 항상 온몸에 붉은 칠을 했다. 환자 치료나 기타 종교적 행사가 있을 때는 파제(pagé)라 불리는 마법사가 행사를 주도했으며 각 종족에서 주요 인물로 대우를 받았다.

원주민의 생활 풍습

원주민의 결혼 형태는 대체로 동족 간 결혼(endogamia)과 일부일처제(monogamia)였으나 추장의 경우는 자신의 능력이 닿는 한 여러 부인을 둘 수 있었다. 그러나 투피(Tupi)족의 경우 삼촌과 조카 간 결혼, 사촌 간 결혼, 그리고 형수와의 결혼 풍습이 있었고 다른 부족의 여성이 원할 시 미래의 장인 집에서 일정기간 일을 하였다. 기타 부족들의 경우는 결혼하기 전 여러 가지 테스트를 거쳐야 했는데 그중 카라자스(carajás) 부족의 경우는 무거운 통나무를 짊어지고 일정한 거리를 운반해야 했고, 쿠리나스(curinas)족은 엄청난 채찍 테스트를 통과해야 했다.

원주민들은 주로 사냥을 해서 먹고 살았으며 작물재배는 하지 않았다. 주식은 육류와 만디오카였고, 옥수수로 만든 칸지카, 파몬냐, 술, 아바티이(abatí-i) 혹은 카우잉(cauim)을 즐겨 마셨다. 또 하나 특이한 것은 이들이 고추를 상당히 선호하여 무척 매운 음식을 좋아했는데 바이아와 미나스제라이스에는 매운 음식을 먹는 습관이 아직도 남아 있다. 매운 음식은 아프리카 흑인들이 들어오면서 더욱 대중화되었다. 채소류는 좋아하지 않았으며 과일 중에 카주(caju), 파파야 등을 무척 좋아하였다.

식인 풍습은 종종 부족 간의 전쟁을 유발시켰던 식량조달을 위한 것이 아니었다. 식인 풍습의 동기는 첫째, 상대방 적군의 육신을 먹음으로써 그 적군의 용맹성과 덕망을 얻게 된다고 믿었기 때문으로 알려지고 있다. 둘째, 포로로 잡힌 적을 처형할 때 그 포로가 자신의 종족을 잡아먹었다고 말하는데 그에 대한 일종의 복수심에서 비롯됐다고도 한다.

또한 제스(jês) 종족 가운데 일부 부족은 자연사로 죽은 종족 일원의 고기를 먹었는데 이때 죽은 자의 가족만이 먹을 수 있었다. 그것은 죽은 자를 먹음으로 인해 죽은 자의 덕망을 그대로 전수받을 수 있을 뿐만 아니라 죽은 자의 고기를 먹음으로써 올바른 장례를 치렀다고 생각했기 때문이다. 그런데 투피(tupi)족들은 여자고기를 전혀

먹지 않았는데 그것은 여자의 특성을 가지고 싶지 않았기 때문이다.

원주민의 신화

쿠바드(couvade)는 산모가 아기를 낳을 때 남편은 사냥 등 노동을 멈추고 쉬면서 신중히 처신하고 거의 금식에 가까운 생활을 하였다. 이에 대해 여러 가지 의견이 분분하지만 고통 분담, 태어날 자식에 대한 부성애의 표현 내지는 아이를 갖게 됐다는 대외적인 과시용으로 해석된다.

꾸루민스(Os Curumins)는 아이들의 장난감이다. 원주민 어린이들은 엄마 등에 업혀 자랐고 조금 커서는 진흙으로 만들어진 동물 형상의 장난감을 갖고 놀거나 주거지에서 기르건 작은 새들을 벗 삼아 놀았다. 또 이들의 장난감으로 공이 널리 이용되었는데 이 공은 고무로 만들어져 무척 가벼웠고 주로 머리로, 등으로 공을 주고받는 게임을 즐겼다. 그리고 사춘기에 접어들어선 남자들의 경우 집에 일정 기간 들어가서 부족의 노인들로부터 사냥, 낚시, 전쟁, 노래, 풍습 등을 배워 이른바 성인식을 마쳤다.

이전의 성인 예식에서 보았듯이 인육을 먹을 때 타 부족의 주요 인물들도 초대하곤 했는데 한 가지 저미난 사실은 포로를 죽이기 며칠 전에 그에게 융성한 대접을 했다고 한다. 그래서 이따금씩 그에게 자기 종족의 여성을 짝지어 주기도 했는데 포로가 죽고 난 뒤 종종 아기가 태어나면 이때 그 아기의 어머니는 자기 자식을 가장 가까운 친지에게 넘겨줘야 했고 이 친지는 그 아기를 크냥멤비라(cunhãmmembira)

라는 예식을 치른 뒤 살해했다. 그 뒤 제일 먼저 아이를 낳은 어머니가 그 고기를 먹도록 되어 있었는데 모성애의 본능이 부족의 전통보다 강했던지라 그 어머니는 그 아기를 자기 부족이 양육해 줄 것을 애원하기도 했고 아기를 데리고 도망가곤 했다고 한다. 남녀 모두 목욕을 즐겨하는 등 청결한 위생 생활을 했으며 남자는 사냥과 전쟁에 동원되었고 무기, 건축, 악기 생산 및 해먹 빨래도 도맡아 했다고 한다. 한편 여자는 가사일과 농업에 종사했으며 특히, 사냥에서 잡은 동물의 운반은 여성이 했다고 한다.

2. 몰아치는 유럽의 물결

포르투갈의 해양 진출과 브라질의 발견

포르투갈의 해외 영토 확장은 두 가지 측면에서 고려해 볼 수 있다. 첫째는 유럽 대륙의 변화로 당시 유럽은 이탈리아의 아말피, 플로렌스, 제노바, 베네치아와 같은 상업의 중심지들이 인도에서 유입된 향료의 교역을 통하여 크게 발전했다. 이러한 실크로드를 통해 동양의 향료인 후추, 정향, 계피, 육두구, 생강 등이 소개되었다. 유럽 시장에서 동양 향료 시장이 성장하면서 더 많은 상품을 필요로 했으나 육로를 통한 무역은 한계를 지니고 있었다. 유럽에서는 경제적인 변화와 더불어 종교적인 변화가 진행 중이었다. 둘째는 13세기에 프란시스코파가 크리스트교 전파를 위한 선교 활동을 북아프리카, 동유럽, 아시아 내륙과 극동아시아까지 확대하면서 크리스트 세계가 전 세계로 확대되고 있었다. 또 다른 측면에서는 과학이 빠르게 발전하고 있었는데 13세기 타륜(舵輪)의 발명과 14세기 나침반이 발명되면서 항해술에 큰 변화가 있었다.

포르투갈은 아프리카 대륙과 가장 가까운 대서양 연안에 위치해 있어 유럽과 아프리카의 가교역할을 수행할 수 있는 지리적 조건을 갖추고 있었다. 또한 대서양과 지중해가 만나는 교차점에 위치해 있어 바다를 통한 운송 수단이 발전할 수 있었다. 지리적 조건과 함께 포르투갈인의 기질이 해양 개척에 긍정적으로 작용했다. 기원전부터 해안 지대에 거주해 온 페니키아인, 그리스인과 카르타고인들이 포르투갈에 정착하면서 농업활동뿐만 아니라 바다를 이용하고 연안을 따라 해상 활동을 적극적으로 펼쳤다. 기본적인 조건이 충족된 상태에서 왕실은 해상활동을 적극적으로 지원했다. 왕정의 정책에 따라 항해에 필요한 기술력을 확보하고 선원을 양성하는 항해 학교를 설립했고, 경제적으로는 선단 운영에 필요한 막대한 자금을 지원했다. 1249년에 무어인들을 포르투갈 영토에서 완전히 축출하면서 전쟁에 큰 공을 세운 장군들을 중심으로 정치적 대립이 형성되었는데 이런 내부 문제를 해결하는 방책으로 영토 확장 계획을 제시했다. 특히 15세기 초엽 해상교역을 전담하는 부르주아 계급이 형성되면서 해양진출에 좀 더 적극적인 태도를 보였다. 결국 포르투갈의 해양진출은 1411년 동 주앙 1세가 왕위계승자인 동 두아르테(D. Duarte)를 북아프리카 원정 계획에 포함시켜 원정대를 파견하면서 서막을 열었다. 당시 원정 목적은 귀족들의 세력을 외부로 분출시키고, 부르주아 계급과 귀족들에게 경제적 이익을 줌으로써 경제 위기를 모면하고자 하는 것이었다. 이 원정에서는 무어인들이 점령하고 있던 스페인의 그라나다(Granada)를 침공할 계획이었지만 포기하고 아프리카로 향했다. 북아프리카 원정은 포르투갈인들에게 해외진출의 꿈을 구체적으로 실현해 준 중요한 사건이었다. 결국 1415년 항해 왕자 엔리케가 참가한 세우타 정복원정에서 승리했다. 세우타는 이슬람 세력이 북아프리카를 거쳐 이베리아 반도를 통해 유럽으로 진출하는 거점이었으며 남부 아프리카에서 보내온 많은 상품들이 집결하는 무역거점이기도 했다. 따라서 세우타 정복은 크리스트교인들이 이슬람 세계를 정복할 수 있는 교두보를 마련한 것이라고 할 수 있다. 포르투갈은 세우타 정복 이후 인도로 향하는 발걸음을 한층 힘차게 내딛었다.

인도로 가는 길

포르투갈은 세우타를 정복하면서 서북 아프리카와 인접 도서들을 차지할 수 있는 유리한 조건을 갖추었다. 왕실도 해상활동을 적극적으로 지원했는데 1419년에 주앙 곤살베스 자르쿠(João Gonçalves Zarco)와 트리스타옹 테이세이라(Tr stão Teixeira)를 파견해 포르투 산투 섬에 도착하여 마데이라(Madeira) 섬을 점령하게 했고, 같은 해에 바르톨로메유 페레스텔류(Bartolomeu Perestelo)를 파견해 식민사업을 추진했다. 또한 1427년에는 디오구 드 실베스(Diogo de Silves)를 파견하여 아소레스(Açores) 제도의 몇몇 섬을 발견했고, 1431년에는 곤살루 벨류 카브랄(Gonçalo Velho Cabral)을 통해 식민사업을 본격적으로 추진하게 했다. 원정대가 파견될 때마다 일정 거리만큼 정복사업이 진행되어 아프리카 대륙 서안을 따라 진출하는 인도로 가는 길이 점점 가까워지고 있었다.

그림 2) 포르투갈의 해양진출

그림에서 보는 바와 같이 포르투갈은 세우타를 점령한 이후 약 70여 년간의 도전 끝에 희망봉을 발견했다. 오랜 기간 계속된 해상 활동으로 많은 희생이 따랐지만 미지의 대륙을 발견하면서 경제력으로 부유해지고, 다양한 문화와 사람들을 만날 수 있는 기회를 가질 수 있었다. 포르투갈이 항해 시대를 주도하면서 리스본은 유럽인들이 신대륙에서 가져온 많은 것들을 배우기 위해 모여드는 학문의 중심지와 많은 상품들을 거래하는 무역거점으로 성장했다.

1434년에 질 이아네스(Gil Eanes)가 카부 보자도르(Cabo Bojador)를 넘어 1436년에 황금강(Rio do Ouro)을 발견하면서 아프리카 대륙 발견이 본격적으로 시작되었다. 황금해안에 도착한 이후 포르투갈 왕실은 1443년에 항해 독점권을 양허하는 제도를 도입하여 각각 1/5, 1/10 세를 징수했다.

페르낭 고메스(Fernão Gomes)가 1469년에 처음으로 5년 계약으로 기네아 상업교역권을 인정받았는데, 임차계약서에는 의무적으로 매년 100레구아[1]씩 해안을 개척해야 한다는 조항이 있었다. 이에 따라 고메스는 1470년에서 1475년 사이 원정대를 파견하여 기네아만의 북부해안 지대와 미나 지방을 연결하는 약 600레구아를 개발했다. 포르투갈 왕실은 개인에게 개발권을 부여함과 동시에 1481년에 사웅 조르지 다 미나 요새를 축성하여 기네의 교역을 보호할 목적으로 디오구 카웅(Diogo Cão)을 파견하였다. 그에게 남아프리카 해상 통로를 발견할 것을 명령하여 1485년에는 네그로 곶, 크로스 곶까지 도착했다. 콩고지역에 정박한 포르투갈인들은 콩고 왕을 방문하고 앙골라 북부지역에 문명을 전파할 목적으로 우호관계를 체결했다. 1487년 8월에 바르톨로메우 디아스(Bartholcmeu Diaz)가는 항해사 페루 드 알렝케르(Pero de Alenquer)와 주앙 인판트(João Infante) 선장을 대동하고 해안을 따라 남진하여 1488년에 희망봉을 발견했고 1498년 5월 20일에는 인도의 캘리컷에 도착했다. 포르투갈이 인도에 도착함으로써 실크로드나 홍해와 지중해를 거치지 않고 아프리카 대륙을 돌아 인도양으로 갈 수 있다는 것을 증명했다. 항해를 계속하면서 포르투갈은 세계 인문 지리에 관한 많은 지식과 정보를 얻을 수 있었고 북반구와 남반구의 풍향이 서로 균형을 이루그 있다는 과학적인 발견도 했다.

---

1) 1레구아는 3마일 혹은 4.8킬로미터이다.

포르투갈과 스페인의 해외 영토 경쟁

포르투갈은 1492년에 콜럼버스가 신대륙을 발견한 이후 새롭게 발견되는 땅에 대한 소유권을 명확히 해 줄 것을 교황에게 요청했다. 이듬해 교황 알렉산드 6세가 카부 베르지에서 100레구아가 되는 지점을 경계로 확정했다. 그러나 포르투갈은 대서양 전체를 지배할 의도로 교황에게 조정해 줄 것을 간곡히 부탁했다. 교황은 조정 신청을 받아들여 포르투갈과 스페인이 1494년 토르데시야스 조약(Tratado de Tordesilhas)을 체결하여 카부 베르지(Cabo Verde) 섬에서 370레구아 이전 지역에서 발견한 땅은 포르투갈의 소유가 되고 그 경계선을 넘어서 발견되는 땅은 스페인이 차지하기로 했다. 포르투갈이 서쪽으로 경계선을 연장하고자 했던 것은 동양 항로에서 스페인을 완전히 배

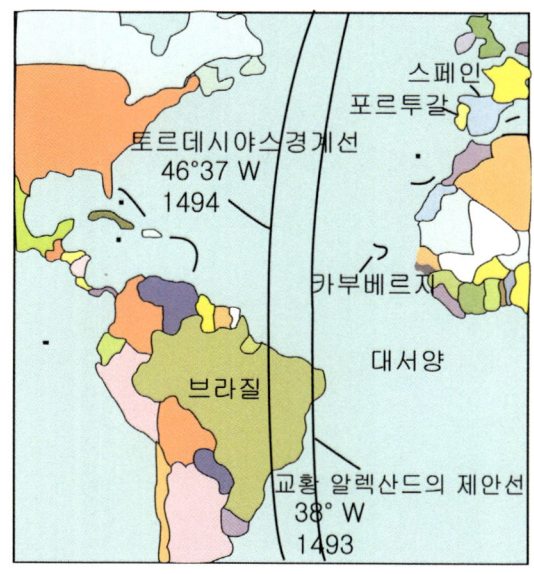

그림 3) 포르투갈과 스페인 경계선

제시키기 위한 것이었다. 포르투갈과 스페인의 영토 경계선이 확정되면서 포르투갈 함대는 자유롭게 남아프리카의 희망봉을 통해 동양으로 항해할 수 있었다. 바스쿠 다 가마(Vasco da Gama)가 1497년에서 1499년까지 동양 항로를 발견했다.

토르데시야스 조약으로 포르투갈은 브라질을 차지했는데 그 지역은 그림에서 보는 바와 같이 지금의 아마존 하구의 마라조(Marajo) 섬에서 산타카타리나의 라구나(Laguna)를 잇는 지역이었다. 이 경계선은 식민 기간 예수회, 금광 개발, 노예사냥 등으로 엄격하게 지켜지지는 않았지만 양국이 지켜야 하는 심리적인 한계선이었다. 포르투갈은 왜 370레구아를 주장했을까? 여기에 대해 의견이 분분하지만 이미 포르투갈은 브라질이 있다는 사실을 알고 있었기 때문에 아메리카 대륙이 포함되는 지역까지 차지하고자 했던 것이다. 이를 반증하듯 브라질을 포르투갈보다 먼저 발견했다는 주장들이 속속 제기되고 있다.

브라질의 발견

1500년 4월 22일에 인도를 항해 출항했던 페드루 알바르스 카브랄(Pedro Álvares Cabral) 함대가 지금의 바이아인 포르투세구루(Porto Seguro)에 도착하면서 공식적으로 브라질이 유럽 사회에 알려지게 되었다. 1499년에 마누엘 1세(Manuel I)는 바스쿠 다 가마 탐험대의 대원이었던 카브랄을 새로운 탐험대 대장으로 임명했다. 카브랄 선단은 13대의 선박으로 구성되었는데 1500년 3월 9일에 리스본 근처에 있는 벨렝(Belém)에서 항해를 시작했다.

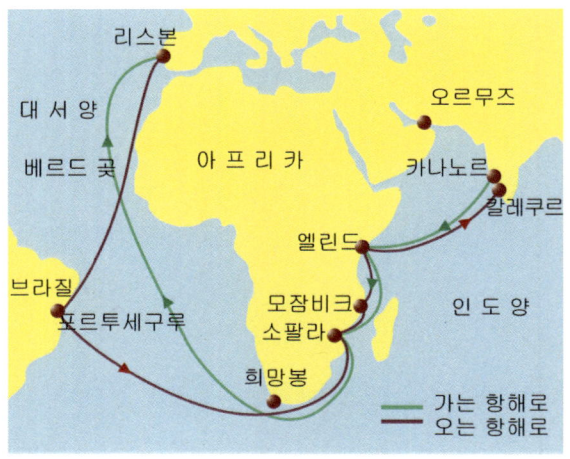

그림 4) 브라질 발견 경로

항해의 목적지는 인도였으며 바스쿠 다 가마의 항로를 따라 항해할 계획이었다. 선단은 남서부로 항해하여 카나리아와 카부 베르지 섬을 경유하여 희망봉에 도착할 예정이었으나 날씨와 기타 여러 가지 이유로 항로에서 벗어났다. 선단은 그림에서 보는 것과 같이 항로에서 벗어나 남하하면서 브라질에 도착했다.

브라질에 도착한 이후 항해 서기인 페루 바스 드 까밍냐(Pero Vaz de Caminha)는 해안에서 걷고 있는 사람들을 발견했으며, 선단이 해안에 도착할 때까지 20명 이상이 모여 있었다고 기록했다. 그 사람들은 검은색 피부에 나체로 평화의 신호를 보냈으며 포르투갈인들이 모자를 벗고 인사를 하자 앵무새처럼 따라 했다고 기록하고 있다. 포르투갈인들은 그곳에 10일 동안 머물렀고 자신들이 정박했던 곳을 안전한 항구(Porto Seguro)라고 명명했다. 카브랄은 브라질에 도착한 이후 안전한 항구를 찾아 기후가 좋고 물이 맑은 섬인 코로아 베르멜

그림 5) 미사를 올리는 모습

랴(Ilheu de Coroa Vermelha)에 정박했다. 이곳에서 브라질의 아이모리스(Aymores) 원주민과 최초로 접촉하여 새로운 땅을 차지했으며 포르투갈의 휘장과 무기로 십자가를 만들었다. 같은 해 4월 26일에는 엔히크 소아레스(Henrique Soares) 수도사가 브라질에서 최초의 미사를 올렸다. 다시 5월 1일에는 무따리(Mutari) 강 하구에서 두 번째 미사를 올리고 항해에 필요한 물품들을 선적한 이후 5월 2일에 인도로 향했다. 원주민들은 술, 철제 기구와 가톨릭 미사에 많은 관심을 보였다. 원주민들이 특히 종교적인 상징에 많은 관심을 보였는데 이를 보고 포르투갈인들은 원주민들이 쉽게 가톨릭으로 개종될 수 있을 것이라 예상했었다. 당시 원주민들은 포르투갈 배에 원목과 염료 나무를 선적하는 것을 도와주었다.

카브랄은 까밍냐의 발견 기록 서안을 포르투갈 왕에게 보냈다. 이것이 브라질이 유럽에 알려진 최초의 문서였다. 나머지 배들은 두 명의 남자 죄수를 남겨둔 채 카브랄이 명명한 베라크루스(Vera Cruz) 섬에서 희망봉을 향해 출항했다. 두 명의 죄수는 본능적으로 방어 요새를 마련했고 현지 언어를 배웠으며 결혼을 통해 원주민 사회로 흡수되었다. 당시 포르투갈인들이 가장 큰 관심을 지니고 있었던 것은 후추, 향신료와 실크와 같은 동양의 산물이었기 때문에 발견 이후 원주민과 브라질 나무에 대해 관심을 보이지 않았다.

포르투갈의 브라질의 발견은 역사적인 사건임에도 불구하고 포르투갈 왕실 문서에는 그 놀라움이 나타나 있지 않았다. 그래서 브라질 발견은 의도적이었다는 것과 우연히 발견했다는 두 가지 논쟁이 시작되었다. 의도설은 카브랄이 브라질을 발견하기 위해 의도적으로 아프리카를 우회했다고 주장하고, 우연설은 무역풍을 피하기 위해 우연히 항로를 바꾸면서 발견했다는 주장이다. 우연설은 카브랄의 선단이 적도 부근에서 발생하는 무역풍 지역을 피해서 아프리카 대륙으로부터 멀리 떨어진 대서양 서안으로 항로를 바꾸면서 브라질에 도착하게 되었다고 주장한다. 만약 선단이 태풍을 만났다면 해류를 타고 브라질로 떠내려가게 되기 때문에 발견이 우연이라고 주장한다.

그러나 이러한 우연설은 최근 밝혀진 여러 가지 요인으로 설득력을 잃고 있다. 우선 항해 중 태풍을 만났다는 기록이 없으며, 설사 태풍을 만나 떠내려간다고 하더라도 해류의 흐름이 브라질로 향하지 않았다는 것이다. 따라서 카브랄이 브라질을 발견하게 된 것은 의도적이었던 것이다. 먼저 바스 드 까밍냐의 편지에 신대륙 발견에 대한 놀라움을 찾을 수 없다. 또한 토르데시야스 조약 체결 시 교황의 제안을 수용하지 않고 370레구아를 주장했던 것, 카브랄의 선원들은 이미 동양 항로를 잘 알고 있던 사람들이었기 때문에 항로를 이탈할 가능성이 낮았다는 점, 그리고 항해 기록에는 태풍을 만났다는 기록을 찾을 수 없다는 점을 지적할 수 있다. 1500년 이전에 작성된 유럽의 일부 지도에 부정확하지만 지금의 남아메리카 부근에 익명의 섬(Ilha de Brasil) 모습이 나타나 있는 것으로 보아 당시에 포르투갈 왕실과 유럽인들이 남미대륙의 존재를 사전에 알고 있었던 것으로 보인다. 이러한 증거는 포르투갈이 브라질을 발견한 이후 프랑스의 루셀과 장 쿠쟁(Roussel e Jean Cousin)이 아마존에 도착했다고 주장했고, 독일인 마틴 베아힘(Martin Beahim), 이탈리아인 아메리코 베스푸치오(Américo Vespúcio), 그리고 1499년 11월 18일에 스페인의 팔로스(Palos) 항을 출발한 비센떼 이아네스 삔존(Vicente Yanéz Pinzón)이 마르 둘세(Mar Dulce)라고 불리었던 아마존 하구에 도착했다고 주장하는 것과 1500년 1월 26일에 산타가리아 데 라 꼰솔라시온(Santa Maria de la Consolación)에 지금의 페르남부쿠 주와 상뚜 아고스틴뉴 곶으로 추정되는 곳에 도착했다는 주장이 이를 뒷받침해 준다.

해안수비대와 식민 원정대 파견

포르투갈 왕정은 브라질을 식민지브다는 오히려 무역 대상으로 생각했다. 포르투갈은 해외 식민지에 정착시킬 인구가 충분하지 않았다. 따라서 점령지에 무역 거점 설립에 필요한 지역과 자원을 보유하고 있는 지역에만 요새화된 정착지를 건설했다. 식민 초기에는 브라질 나무 채취에만 열중했으나, 총독제를 도입하면서 식민지 운영을 대규모의 토지 운용과 많은 노예들을 필요로 하는 사탕수수 경작으로 변화시켰다. 사탕수수 농장에서 필요로 하는 노동력을 확보하기 위한 원주민 사냥이 시작되면서 자주 토르데시야스 경계선을 침범했다. 그러나 1580년에서 1640년까지 포르투갈과 스페인이 통합되면서 토르데시야스 경계는 무의미해졌다. 이베리아 반도와 아메리카에서 두 정부가 분리되어 있었지만 각각의 영토에서 이루어지는 무역과 여행 통제도 느슨해졌다. 따라서 밀무역이 브라질 정착촌과 부에노스아이레스 지역에서 활성화되었고 포르투갈인들은 아순시온, 포토시, 리마와 키토까지 진출했다.

포르투갈은 식민 초기부터 노예 노동력으로 원주민들을 이용했다. 포르투갈이 탐험을 시작했을 때 전체 인구가 1백만 명에 불과했다. 사실 16세기 중반 포르투갈 인구가 곳곳에 산재해 있었기 때문에 영토의 대부분은 개간되지 않거나 버려졌다. 브라질 원주민과 아프리카 노예들은 리스본 거리 곳곳에서 만날 수 있었다. 포르투갈 식민 경제는 노예제에 기초하고 있었는데 초기부터 브라질 나무와 기타 자원들을 가져가기 위해 원주민들과 물물교환을 시도했다. 그러나 원주민들은 자신들의 장비들이 구비된 이후에는 포르투갈과의 교환에 적극적이지 않았다. 포르투갈인들은 원주민들이 물물교환에 나서지 않자 위협하여 교역이 이루어지게 했다.

멕시코와 페루의 원주민들이 스페인 정복자들에게 동조했던 것처럼 포르투갈인들도 원주민들의 활동 영역 분쟁이나 부족 간 견원관계를 활용했다. 투피어족은 남부 해안지대로 이동하면서 그곳에 정착하고 있던 제어족을 몰아냈다. 원주민의 인구 이동은 인근 지역에 살고 있던 다른 부족들이 연쇄적으로 이주해야 하는 문제를 낳았다. 따라서 원주민 부족 간의 전쟁이 일어나기도 했는데 포르투갈인들은 원주민의 노예로 삼을 때 이들을 적정하게 이용했다. 그들은 페루와 같은 조직적인 원주민 왕국이 없었기 때문에 어렵지 않게 브라질을 정복할 수 있었다.

포르투갈은 브라질 발견 이후 30년 동안 거의 관심을 두지 않았다. 1501년에 포르투갈 왕정은 1차 원정대를 파견했다. 1차 원정대는 카부 드 산투 아고스팅유(Cabo de Santo Agostinho), 상 살바도르(Ilha de São Salvador) 섬, 상 프란시스꾸(Rio São Francisco) 강, 모든 신들의 만(Baía de Todos os Santos), 카부 프리우(Cabo Frio), 상 세바스치앙(Ilha de São Sebastião) 등의 지역에 이름을 붙이고 소유권을 확보했다. 또한 1차 원정대의 결과로 브라질이 섬이 아니라 대륙임을 확인했고, 포르투갈인들이 찾고 있는 부의 자원이 없음을 확인했으며 많은 양의 브라질 나무를 채취해 갔다. 이러한 원정대의 결과에 따라 포르투갈 왕실은 브라질에 대한 관심을 보이지 않았다. 1503년에는 2차 원정대를 곤살루 코엘류(Gonçalo Coelho)와 아메리꾸 베스뿌치우(Americo Vespúcio)를 대장으로 하는 임차인을 파견했다. 이들은 브라질 나무와 은을 가지고 왔다. 코엘류는 히우 지 자네이루, 베스뿌치우는 카부프리우까지 이르렀다. 1502년에는 유대인들에게 3년 기간으로 경영권을 양도했다. 다시 1506년에는 페르난두 지 누로냐(Fernando de Noronha)에게 같은 기간으로 양도하면서 매년 6척의 배를 파견할 것, 요새를 유지할 것과 1/5세를 납부할 것을 요구했다.

이 기간 동안 포르투갈은 브라질 해안 정찰과 방어체계만 유지하고 있었고 브라질 나무 채취를 위한 독점권은 왕실이 보유하고 있었다. 브라질 나무는 카브랄이 브라질을 발견하기 이전에 서구에 잘 알려진 염료나무로 배나 의류를 채색하는 데 사용되었다. 발견 당시 북동부 지방의 히루 그란지 두 노르치(Rio Grande do Norte)에서 히우지 자네이루에 이르는 광활한 해안가에 자생하고 있었다. 브라질 나무가 성장하면 몸통 지름은 80cm~1m이고 높이는 10~15m에 달했다. 여타 식민지와 마찬가지로 1501년부터 포르투갈 왕실은 브라질 나무에 대한 독점권을 왕실이 갖도록 하였다. 브라질 나무는 인도로부터 들어오던 향료에 비해 수익성이 현저히 낮았지만 1500년부터 1591년까지 포르투갈에 크나큰 경제적 이득을 가져다주었다. 그 이후 생산이 급격히 하락하여 1625~1649년 사이엔 브라질 나무 벌목권을 예수회들에게 넘겨주면서 브라질 나무를 보호하기 시작했으며 17세기 초까지 그 생산량은 매년 10,000낀딸(1낀딸=4아호바, 1아호바=15kg)에 이르렀다.

포르투갈 왕정은 브라질 영토와 일부 수출상품에 대한 소유권만을 보유하고 있었다. 이러한 시스템은 카스티야가 무어인들을 이베리아 반도에서 몰아내기 위해 도입한 식민지 총독(adelantado)과 유사한 형태였다. 카스티야의 왕은 무어인들을 축출하기 위해 특정한 지역의 정복권을 대리인에게 양도하였으며, 대리인에게는 토지, 전리품과 노동력 이용권을 인정해 주었다. 포르투갈은 이러한 시스템을 아프리카와 브라질 정복에 활용했다.

1516년에 포르투갈 왕실은 무역청(Casa de Índia)을 통해 브라질로 설탕 제조 기술 이전을 명령하면서 마데이라 섬에서 설탕 제조에 경험이 있던 포르투갈인, 이탈리아인과 플랑드르인들을 파견했다. 또한 외국의 침입으로부터 브라질을 보호하기 위해 끄리스또바웅 자께스(Cristovão Jaques)를 대장으로 하는 해안 수비대를 함께 파병했다. 해안 수비대는 프랑스가 페르남부쿠에 설치한 무역소와 요새를 파괴했고 카부프리우까지 정찰한 후 포르투갈로 귀환했다. 1526년에 자께스는 다시 브라질로 파견되었고 프랑스인들이 해안에 설치한 모든 무역소와 요새들을 파괴하고 프랑스 선원들을 나포했다.

원주민들의 저항, 외국의 침입, 포르투갈 왕실의 개발 의지 부족 등으로 대서양 연안의 영토 확장은 느리게 진행되었다. 왕실이 포르투갈인의 정착을 유도하려고 개인에게 허안에서부터 내륙으로 3리그2)를 주었고 제분소 건설에 대한 독점권을 인정하고 농장에서 일할 원주민을 노예로 부리는 것까지 인정해 주었으나 정착인구가 많지 않았다. 결국 왕실은 정착민을 통한 개발보다는 탐험대를 파견하고 정복사업을 직접 운영하게 되었다. 이에 따라 1540년에 알바르 누에스 까베사 데 바까(Alvar Nunez Cabeza de Vaca)가 산타카타리나에서 아순시온까지를 정복했고, 1542년에는 프란시스크 데 오레야나(Francisco de Orellana)가 아마존의 스페인 영토를 포함시켰다. 그나마 왕실의 직접적인 파병으로 1580년에 북부의 페르남부쿠에서 남부의 상비센치까지 그 지배영역을 확장했다. 또한 스페인 왕정이 원주민과 프랑스가 차지하고 있던 북부의 파라이바, 서부의 세아라와 마라냥까지 영토를 확장시켰으며, 1616년에는 벨렝을 건설했다. 1621년부터 영토 소유권은 마라냥과 바이아의 살바도르를 중심으로 나누어졌다. 1640년에 포르투갈이 왕권회복운동을 통해 왕권을 회복한 브라간사 왕정이 스페인을 물리치기 위해 많은 노력을 기울였다.

유럽의 국가들이 해외 진출을 시작하면서 포르투갈은 브라질 소유

---

2) 리그는 3마일에 해당한다.

권 주장에 심각한 위기를 맞게 되었다. 1차적으로 스페인 함대가 브라질 해안을 따라 남하하여 해안 지대와 플라타 강 유역을 정복했다. 그리고 1504년에는 프랑스의 브르타뉴, 플랑드르와 노르망디 선단이 브라질 나무 무역을 하기 위해 해안지역을 끊임없이 침입했다. 브라질 나무의 붉은 염료는 벽걸이용 융단을 만들 때 사용되기도 하고, 섬유업자들이 염색을 할 때도 사용되었기 때문에 시장에서 좋은 가격을 받을 수 있었다. 프랑스 왕정은 브라질에서 얻어지는 경제적 수익 때문에 해안에서 발생하는 희생에 대해 크게 신경 쓰지 않았다. 이에 포르투갈 왕정은 프랑스 선단을 격파하기 위해 해안 경비대를 파견했다. 1530년까지 포르투갈 해안수비대가 수천 킬로미터에 이르는 해안을 경비하는 것은 불가능했다. 포르투갈은 이러한 문제점을 해결하기 위해 마르틴 아폰수 드 소우자(Martim Afonso de Sousa)를 대장으로 하는 식민 원정대를 파견했다. 식민 원정대는 프랑스인들을 축출하고 플라타 강을 탐험하고 브라질에 정착지를 건설하는 목적을 지니고 있었다. 이들은 북부에서 프랑스 요새를 파괴하고 남하하여 바이아에서 식민 원정을 도와준 디오구 알바르스 코레이아(Diogo Álvares Correia, Caramura)를 만났다. 식민 원정대는 다음과 같은 점에서 중요성을 지닌다. 첫 번째는 1532년에 상비센치라는 포르투갈인의 최초의 정착촌을 건설했다. 이런 의미에서 브라질의 모세포라는 별칭을 지니고 있다. 정착마을이 건설되면서 포르투갈 왕실은 비로소 브라질에 대한 식민정책을 시작하게 되었다. 그동안 브라질 나무 채취에만 몰두하던 포르투갈이 개발의 대상으로 브라질을 바라보게 된 것이었다. 두 번째는 사탕수수 재배가 시작되는 계기를 마련했다. 그동안 아프리카의 포르투갈 식민지에서 노동력을 데려와 마데이라 섬에서 재배하던 영농기법을 브라질로 이전시켰다. 사탕수수 재배는 브라질에 대한 실질적인 식민정책과 지배가 구체화된 것을 상징적으로 나타내 준다. 세 번째는 이를 계기로 브라질을 효율적으로 운영할 수 있는 봉토제(Capitania)를 도입한 것이다. 해안을 중심으로 나무 채취만을 했던 것을 이제 그리 멀지는 않지만 내륙 개발을 위한 토대를 마련한 것이다. 포르투갈에게는 본격적인 식민 정책을 통해 브라질에 대한 통제권과 관리권을 강화한 것이지만, 반대로 그 땅에 살고 있던 브라질인인 원주민들에게는 체계적인 수탈의 틀이 마련된 것이라 할 수 있었다.

식민지 개발과 세습 봉토제

세습 봉토제는 포르투갈의 행정구역으로 소유권이 세습되었다. 브라질이 발견되기 전에 대서양의 마데이라와 아소레스 섬 그리고 아프리카 식민지에서 이미 운영한 경험이 있었다. 브라질은 15개 지역으로 분할하여 12명의 수증자들에게 양도해 개발하는 것이었다. 봉토는 해안에서 토르데시야스 경계까지의 땅을 10~100레구아로 분할한 것이었다. 마르띤 소우자가 2개 지역을 양도받았으며 그의 동생인 페루 로페스 드 소우자(Pero Lopes de Souza)가 3개 지역을 양도받았다. 봉토제를 통해 포르투갈은 올린다, 살바도르, 비도리아, 일레우스, 포르투세구루와 상비센치 등의 식민 정착지를 건설할 수 있었다.

왕은 수증 증서를 통해 수증자들에게 봉토를 양도했다. 수증 증서는 다음과 같은 내용으로 이루어졌다. 봉토는 양도될 수 없으며 분할이 금지되었고, 수증자가 왕정의 정치, 법, 행정권을 행사할 수 있었다. 수증자의 권리와 의무는 포라이스(Forais)라는 증서에 규정되어 있었다. 봉토에서 발견되는 금은 왕의 소유였는데 그 외 은, 브라질나무와 자원 채취 권리도 왕실이 보유했다. 수증자들은 왕정에 1/5 혹은 1/10세를 납부해야 했고, 작물을 재배하고 마을을 건설해야 했다. 대신에 세금을 부과·징수할 수 있으며 원주민을 노예로 만들 수 있는 권리가 있었다. 또한 공공 업무를 담당할 사람을 임명할 수 있는 권리도 지니고 있었다. 그리고 봉토를 분할하여 소작농에게 세스마리아(Sesmarias)를 분배해 줄 수 있는 권리도 있었다. 세스마리아는 포르투갈이 1375년에 유럽 전역에 퍼진 흑사병과 농업 위기를 극복하기 위해 경작할 수 있는 토지를 분배하는 제도였다. 세스메리우들은 세스마리아 소유권을 지닌 사람들이었는데 자신의 토지를 가진다는 것은 브라질에서 사탕수수 재배를 할 수 있다는 것을 의미했다. 사실 세스마리아 제도의 가장 중요한 기능은 생산을 증진시키는 것이었고 법적인 특권을 부여하는 것이었다. 따라서 정해진 기간에 농작물을 재배하지 않는 경우에는 권리가 소멸되었다. 세스마리아 제도가 브라질의 대농장 제도의 토대가 되었는데, 세스마리아가 규정하고 있는 농장의 규모가 3레구아에서 6레구아까지 인가받을 수 있었다.

그럼에도 불구하고 귀족들은 나체의 야만인의 땅에서 사는 것과 부를 축적하는 것에 관심을 보이지 않았다. 북부의 4개 봉토에서는 개발이 전혀 이루어지지 않았고, 나머지 봉토에서도 브라질 원주민들의 관리와 수증자들의 능력에 따라 많은 차이를 보였다. 상비센치를 수증받은 소유자는 고이아니아의 투피니낑(Tupiniquin) 원주민 추장의 딸과 결혼한 주앙 하말류(João Ramalho)의 도움으로 봉토제를 효율적으로 관리할 수 있었다. 1580년까지 살았던 하말류 때문에 포르투갈인들은 원주민 여성, 노동력과 식량 자원을 이용할 수 있었다. 그는 다른 원주민으로부터 정착지를 보호하기 위해 투피니낑 부족과 동맹을 체결하는 데 있어서도 중요한 역할을 했다. 포르투갈 여성들이 이주해 오지 않았기 때문에 백인들은 항상 결혼 상대자가 부족해서 원주민 여성과 결혼이나 성적인 접촉을 통해 육체적인 욕구 불만을 해소했다. 포르투갈인과 원주민의 혼혈은 사탕수수가 재배되었던 초기 단계에 브라질 사회에서 많이 진행되었으나 시간이 지나면서는 백인 여성들이 이주하기도 했고 아프리카 흑인들이 많이 들어오면서 포르투갈인과 흑인의 혼혈인 물라토가 탄생했다. 초기에는 백인과 원주민의 혼혈로 마멜루쿠(Mameluco)들이 나타났다. 인종적 혼혈은 단순한 육체적인 관계뿐만 아니라 문화를 변화시켰다 가톨릭이 원주민들에게 전파되는 계기가 되었고, 원주민들은 포르투갈어를 배우고 포르투갈인들은 원주민 언어를 배워 서로 소통할 수 있는 방법을 찾았다. 또한 원주민들의 음식, 전통의학, 신화들이 포르투갈인들에게 전해졌다.

두아르트 코엘류 페레이라(Duarte Coelho Pereira)는 페르남부쿠 봉토를 관리하면서 올린다를 건설했다. 포르투갈인 최초로 가족과 함께 식민지로 이주해 온 사람으로서 식민지 정착과 개발에 많은 노력을 기울였다. 봉토를 개발하는 데 방해가 되는 원주민들은 몰아내고, 우호적인 원주민과는 결혼을 장려했다. 수증자가 적극적으로 봉토를 개발하자 이탈리아에서도 투자 자본이 들어왔다. 그는 알부께르끼 가문과 결혼했기 때문에 처가에서 식량과 노등력을 공급해 주었다. 프랑스와 원주민의 출몰과 침범이 계속되자 본국에서 군사적·재정적 지원을 하여 그들을 물리쳤다.

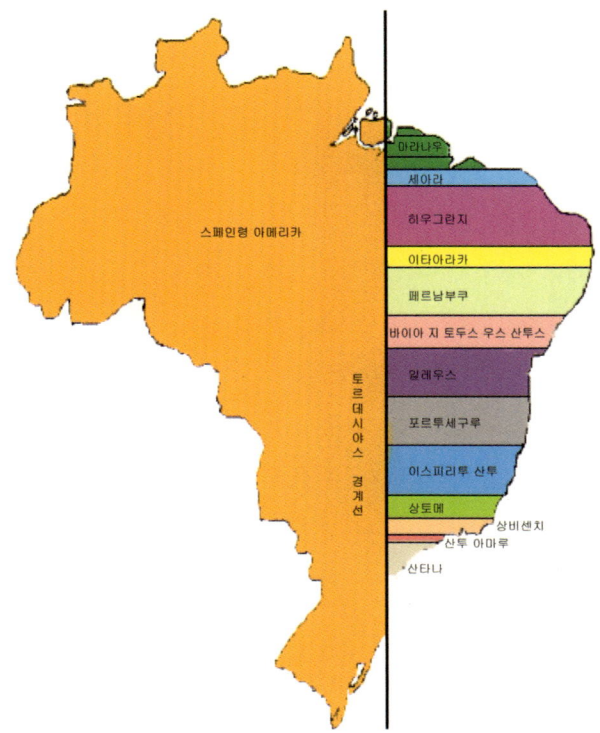

그림 6) 봉토 분포도

　식민경제는 브라질 나무가 고갈되자 사탕수수 경작으로 전환되었
다. 봉토 중에 포르투세구루는 아이모리 원주민과 끊임없는 마찰을
빚고 있었고, 바이아도 수증자의 관리 능력이 부족해서 성공하지 못
했다. 일레우스, 이스피리투 산투, 상 토메, 산투 아마루와 산타 안나
도 관리 소홀과 원주민과 부딪히면서 실패했다. 대부분의 봉토들이
해안을 끼고 있었는데 프랑스인이 자유 침입했다. 결국 원주민과 원
활한 관계를 맺지 못한 수증자들은 대부분이 개발에 실패했다.

　수증자들의 면면을 살펴보면 마라냥 봉토는 2개 지역으로 분할되어 하나는 페르낭 아이레스(Fernão Aires)에게 구루피 강에서 빠나이바 강의 75레구아가 양허되었고, 다른 하나는 주앙 드 바후스(João de Barros)가 차지했는데 마라조 섬의 모든 신들의 곳에서 구루피 강에 이르는 50레구아였다. 히우 그란드 봉토도 두 명의 수증인이 차지했는데 주앙 드 바후스가 50레구아, 아이레스 다 쿠냐(Aires da Cunha)가 무꾸리뻬에서 뜨라디싸웅 만에 이르는 50레구아를 차지했다. 그리고 세아라 봉토는 경작 가능한 지역인 파르나이바 강에서 무꾸리뻬에 이르는 지역을 안또니우 카르도주 드 바후스(Antonio Cardoso de Barros)가 관리하게 되었다. 이타마라카 봉토는 드라디싸웅에서 이타마라카 섬 남쪽에 이르는 30레구아는 페루 로페스 드 소우자(Pero Lopes de Souza), 바이아의 항해가 가능한 상프란시쿠 강에서 자과리뻬 강에 이르는 50레구아는 프란시스쿠 페레이라 코우팅뉴(Francisco Pereira Coutinho)가 차지했다. 일레우스 봉토는 자과리뻬 강에서 코싱 강 하구까지의 50레구아였는데 조르지 드 피게이레두 코레이아(Jorge de Figueiredo Correia)가 받았다. 포르투세구루 봉토는 코싱 강에서 무꾸리 강 하구에 이르는 50레구아였는데 페루 드 캄푸 토우링뉴(Pero de Campo Tourinho)가 양허받았고, 이스피리트 산투는 바스쿠 페르난데스 코우팅뉴(Vasco Fernandes Coutinho)가 관리했다. 산투 아마루의 주께리께리 강에서 베르티오구에 이르는 55레구아는 페루 로페스 드 소우자(Pero Lopes de Souza)가 양도받았다. 그는 멜 섬에서 라구나에 이르는 40레구아의 산타나 봉토를 함께 관리했다. 대부분의 봉토는 왕실이 목적으로 했던 식민사업이 추진되지 못했으나 두아르트 코엘류와 마르띤 소우자가 관리하던 페르남부쿠와 상비센치는 수증인들의 적극적인 개척사업으로 식민에 성공했다.

세습 봉토제는 몇 가지 이유로 인해 실패했다. 첫째, 관리하기 어려운 광활한 면적이 주어졌다. 55레구아를 킬로미터로 환산하면 302.5km이다. 이 지역을 한 사람이 관리하고 개발한다는 것은 당시의 여러 가지 조건으로 볼 때 거의 불가능했을 것으로 여겨진다. 물론 많은 자본이 투자되었다면 일부 극복될 수 있었겠지만 포르투갈의 귀족들이 브라질에 그렇게 많은 투자를 하지 않았다. 둘째, 내륙으로의 침투가 어려운 지리적 환경 때문이었다. 대서양 연안은 남부에서 지금의 비토리아 인근까지 해안을 따라서는 저지로 구성되어 있지만 조금만 내륙으로 들어가면 높은 산이 고원을 이루고 있는 지역이라 접근이 어려웠고, 그 지역의 식생들이 정글을 이루고 있어 내륙으로 진출하는 데 많은 희생이 따랐다. 셋째, 봉토 내에 원주민이 자주 출몰했다. 원주민들은 당시 주로 수렵과 채집 생활했기 때문에 농장에 나타나서 농작물에 피해를 입히기도 했고, 농장주들을 직접 공격하는 일도 생겼다. 넷째, 수증자들이 브라질 개발을 위한 합의점을 지니고 있지 않았다. 대부분이 직접 방문하는 일도 드물어 관리가 소홀할 수밖에 없었다. 다섯째, 일부 수증자들은 봉토 자체에 대한 관심이 없는 경우도 있었다. 여섯째, 행정적인 분할임에도 불구하고 중앙집권화된 통치가 이루어지지 않았다. 일곱째, 광활한 지역을 관리하고 투자할 수 있는 자본이 부족했다.

세습 봉토제가 중앙 통치와 관리라는 측면에서 실패했지만, 브라질에 사탕수수 경작을 확대하고 정착 마을을 건설하는 데는 긍정적으로 작용했다. 포르투갈 왕정은 실패한 봉토를 다른 수증자들에게 양도시키지 않았으며 페르남부쿠와 상비센치를 제외한 나머지 봉토를 왕정이 직접 관리했다. 왕정은 1545년에 스페인령 아메리카의 포

토시에서 은광이 발견되고 왕권이 쇠퇴하면서 왕권을 강화시킬 목적
도 있었다.

단일 작물 경작 주기

브라질 경제사는 단일 작물 경작 순환 즈기에 따라 5시기로 구분
이 가능하다. 첫 번째 시기는 브라질 염료 나무 채취가 이루어졌던
1500~1550년으로 약 50년간 유지되었다. 붇동부 해안선을 따라 자생
하고 있던 염료 나무를 벌목해서 유럽으로 싣고 갔다. 브라질 나무는
붉은 염료를 만드는 데 사용되었는데 16세기에 북유럽의 섬유산업이
번성했던 노르망디와 프랑드르에서 많이 소비되었다. 유럽인들은 무
역 거점, 전략적인 교두보와 정박지를 건설하기 위해 경쟁했다. 이러
한 노력으로 포르투갈은 설탕 산업이 시작된 북동부 지역을 확보할
수 있었다.

두 번째 시기는 사탕수수 경작이 한창이었던 1530년에서 1650년에
이르는 기간이다. 사탕수수 경작은 브라질이 유럽 자본주의 체제에
통합시켰고 브라질에서 가부장적 사회 체계를 형성했다. 또한 사탕수
수 경작은 네덜란드가 포르투갈의 남대서양 식민지를 침입하는 계기
가 되었다. 소와 고기를 필요로 했던 사탕수수 경제는 건조한 내륙
지방에서의 목축 산업을 발전시켰다. 목축은 경제 발전과 내륙 개발
에서 중요한 요소가 되었다. 그러나 목축이 수출을 위한 가죽을 제공
했지만 주로 국내 시장을 위한 것이었다. 1630년 네덜란드인들은 브
라질에서는 헤시피(Recife)를 점령했으며 아프리카에서는 브라질 노

예 수입 거점이었던 앙골라의 루안다를 점령했다. 네덜란드인들은 브라질 현지인들의 노력으로 1654년에 물러났다. 네덜란드인들은 카리부 지역에서의 사탕수수 재배를 촉진시켰으며 유럽에서 설탕 공급을 장악했다.

세 번째 주기는 1690대에서 1750년대로 금광과 다이아몬드 광산 개발 붐을 특징으로 한다. 광산개발은 내륙으로 진출하는 교두보를 마련해 주어 미나스제라이스, 고이아스, 마투그로수와 같은 지역으로 식민지 점령을 확대할 수 있었다. 1693년 벨랴스(Rio das Velhas) 강에서 최초 사금이 발견되어 금광 개발은 다음 해 미나스제라이스 주의 중앙부로 확대되었고, 1718년에는 마투그로수, 1725년에는 고이아스 지방으로 이동했다. 또한 1730년 이후에는 미나스제라이스의 제키치뇨냐(Rio Jequitinhonha) 강을 따라 다이아몬드 광산이 개발되기 시작했다. 광산 개발이 확대되면서 식민 경제의 중심지도 자연스럽게 북동부의 해안 지대에서 미나스제라이스 내륙으로 이동했다. 미나스제라이스는 포르투갈 왕실의 황금 보고로 성장했다. 많은 사람들이 내륙으로 진출하면서 브라질에 정착한 사람들은 포르투갈 왕정의 지배권을 벗어나는 경우가 자주 발생했다. 사실 브라질 식민지의 특징적인 것 중의 하나는 경계를 넘어 자유롭게 내륙으로 진출한 것이었다. 미나스제라이스의 광산 도시에서는 주요 식량인 고기와 금광 개발과 운송에 이용되는 노새가 필요했다. 특히 운송 수단이었던 노새는 도로 상황이 좋지 않았던 미나스제라이스에서는 없어서는 안 될 가장 중요한 상품이었다. 따라서 목축은 금광 개발이 확대되면서 상프란시스쿠 강을 따라 남하하여 미나스제라이스 인접 지역으로 확대되었다. 히우그란지두술에서 기른 노새는 상파울루의 소로카바를 통해 광산

지역으로 보냈다. 남동부 지역이 식민 경제성장의 중심으로 등장하자 왕실은 1783년에 식민 행정 수도를 살바도르에서 히우 지 자네이루로 이전했다.

네 번째 시기는 커피 산업이 호황을 누린 1820년부터 1920년대까지이다. 커피 재배는 히우 지 자네이루 내륙의 산악 지대에서 시작되어 상파울루 서부지역의 파라이바 계곡(Paraiba Valley)과 파라나 주로 확대되었다. 주로 상파울루 주에서 생산되어 상투스 항을 통해 수출되면서 두 도시가 왕정체제에서 차지하는 비중이 점점 증가했다. 1930년대 말 이후 산업화로 인해 커피 생산이 감소했지만 브라질은 여전히 세계에서 가장 많은 커피를 생산하고 있다. 한편 1880년대부터 1919년까지 아마존 지역에서는 고무 산업이 빠르게 성장했다. 비교적 짧은 기간 브라질 나무에 이어 다시 한 번 채취산업이 주목을 끌었는데 영국과 프랑스의 아시아 식민지에서 고무가 생산되고 화학 고무가 대량 생산체제를 갖추면서 고무 산업은 쇠퇴기를 맞았다. 고무 산업은 북부 아마존 지역에 대한 관심을 새롭게 하는 계기가 되었다.

다섯 번째 시기는 수입대체산업화 시기이다. 수입대체산업화를 단일 산품 순환 주기에 포함시키기는 어려운 점이 있으나 새로운 성장 동력으로써 산업화가 경제성장을 이끌고 있다는 측면에서 순환 주기에 포함시킬 수 있다. 산업도 남동부의 상파울루-히우 지 자네이루-벨루오리존치를 중심으로 성장했는데 브라질이 그동안 활용해온 원심력형 발전 전략을 보여준다.

지난 500년간의 경제 순환 주기를 분석해 보면 특정한 지역과 산품이 일치한다는 것을 알 수 있다. 광활한 영토를 동시에 개발할 수 없는 여러 가지 요인들 때문인데 발전과정 전체를 보면 거점형 발전

전략을 추진해 온 것 같다. 예를 들어, 초기에는 높은 접근성과 사탕
수수 재배에 유리한 살바도르, 광산개발이 쉬운 오루프레투, 목축에
유리한 조건을 갖춘 포르투알레그리, 커피 재배에 적합한 토양이 있
는 상파울루, 고무나무가 자생하고 있던 아마존 등이다.

3. 브라질 식민 행정 체제

총독제 도입과 사탕수수 경작

포르투갈 왕정은 세습 봉토제가 실패하면서 식민지의 소유권을 유지하고 방어하는 것이 어려워졌고, 유럽에서 설탕시장이 빠르게 성장하자 좀 더 중앙집권적인 관리를 위해서 총독제를 실시했다. 총독제가 효과적으로 운영되려면 그동안 식민지를 분할하고 관리해 온 세습 봉토제를 폐지해야 했다. 그러나 왕실이 일괄적으로 세습 봉토제를 정리하는 것이 아니라 수증자들이 스스로 권리를 포기하거나 다른 이유로 관리가 되지 않는 봉토들만 총독이 관리하는 이중 행정 체제가 한동안 유지되었다. 예를 들어 1547년에 프란시스쿠 페레이라 코우팅뉴(Francisco Pereira Coutinho)가 사망하자 왕실이 바이아의 봉토를 매입하는 방식이었다. 1548년에 총독은 식민지의 행정 관리와 개발의 의무가 있었는데 수증자들의 권리와 중복되었기 때문에 많은 부분에서 마찰을 빚었다. 총독은 헤지멩투(Regimento)에 따라 식민 행정 체제를 일원화시키고 식민 정착을 지원하면서 외부 침입으로부터 식민지를 보호하기 위해 해안 방어를 책임지고 있었다. 총독이 행정을 원활하게 집행할 수 있도록 요새 총관(Alcaide-Mor), 사법 총관(Ouvidor-mor), 해안 방위 총관(Capitão-mor), 조달 총관(Provedor)을 함께 파견했다. 요새총관은 식민 군대를 지휘하는 책임을 맡고 있었는데 포르투갈에서 직접 파병되는 군인 외에 현지에서 활용 가능한 군인을 징집할 수 있는 권리가 있었다. 사법 총관은 식민지에서 발생하는 법적인 문제뿐만 아니라 예수회와 함께 도덕적인 문제를 중재하는 역할도 했다. 해안 방위 총관과 요새 총관은 역할이 중복되는 부분이 있었으나 해안으로 침입하는 외적을 물리치는 역할과 본국으로 보내는 산품을 수송하고 호위하는 기능도 있었다. 조달 총관은 식민 재정을 담당했다. 총독제가 세습 봉토제보다는 행정적인 면에서 훨씬 효과적이었기 때문에 봉토제는 점점 축소되었다.

1548년 12월에 동 주앙 3세(D. João III)가 헤지멩투를 주면서 토메 지 소우자(Tomé de Sousa)를 총독에 임명했다. 그는 총독으로 1553년까지 짧은 기간동안 재임했다. 포르투갈 왕은 소우자에게 '모든 신들의 만'에 수도인 살바도르를 건설할 것과 봉토에 왕정의 영향력을 확대시킬 것을 명령했다. 또 다른 명령은 왕국의 수입을 증대시키는 것이었는데, 자연스럽게 세금 징수 비율을 높이게 되었다. 이 두 가지 정책은 왕정이 다른 식민지에도 동일하게 적용하는 정책이었다. 바이아는 브라질 남과 북의 중간에 위치해 있었고 만(灣)을 끼고 있다는 이유로 식민 수도로 선정되었으며 왕실은 이를 시행하기 위해 세습 봉토주에게서 이 지역을 매입했다. 살바도르에 도착하자마자 요새를 축성하고 마을과 사탕수수 제분소를 설치했다. 식민도시 건설에 가장 어려운 일은 그 지역에 살고 있는 원주민들과 어떤 관계를 맺을 것인

가였다. 원주민들은 식민도시가 건설되면 자신들의 생활터전을 잃는 것이기 때문에 공격적으로 변화하는 경우가 종종 있었다.

이런 어려운 환경에서도 소우자 총독은 상 살바도르를 건설했고, 식민 행정 관리 체제를 완비했다. 원주민 식인 풍습이 있다는 이야기를 듣고는 원주민들을 식민 도시에서 쫓아내고 식인 풍습 자체가 행해지지 않도록 했다. 또한 가톨릭을 전파하기 위한 작업도 진행했는데 브라질에 최초로 바이아 학교를 설립하고 교구를 설치했다. 교회와 관련된 일은 왕실에서도 적극적이어서 동 페루 페르난데스 사르딩냐(Pero Fernandes Sardinha)를 초대 주교로 파견했다. 경제적인 부분에서는 식민경제에서 가장 중요한 사탕수수 경작지를 확대했고, 식량 문제를 해결하기 위해 북부지역에 가축 사육을 시작했다.

2대 총독은 두아르트 다 코스타(Duarte da Costa)가 부임했는데, 1553년에서 1558년까지 식민 행정을 관리했다. 원주민 선교를 담당할 주제 지 앙시에타(José de Anchieta) 신부도 함께 파견되었는데 신부는 바이아 학교를 관리하고 투피－과라니(Tupi-Guarani)어를 연구해서 가톨릭 교리를 전파했다. 당시 원주민의 인구가 훨씬 많았기 때문에 일상생활에서 투피어가 많이 사용되었다. 가톨릭은 식민행정이 안정을 찾으면서 식민 사회에 점차 뿌리내리게 되었고 도덕적 사치가 자리 잡았다. 총독의 아들이 방탕하게 생활하면서 식민사회에 많은 분란을 일으켰는데 그 문제로 총독과 주교 간의 마찰이 생겼다. 주교가 총독 아들의 잘못을 공개적으로 비난하면서 단순한 개인의 문제가 식민 사회 전체 문제로 비화되었다. 이 사건을 두고 식민사회가 총독을 지지하는 세력과 주교를 지지하는 세력으로 나뉘어져 정치적 대립으로 발전했다. 총독을 지지하는 사람들은 원주민에게도 포르투갈인들과 같은 보호 규정이 적용되면 사탕수수 경작을 할 수 없다고 주장하면서 실제 재배 면적을 축소했다. 식민 경제에 큰 영향을 미치자 포르투갈 왕실은 사건 정황을 듣기 위해 주교를 본국으로 송환했으나 본국으로 귀환하던 배가 북부 해안에서 난파되었다. 배가 난파되었을 때는 주교가 살아 있었지만 이후 원주민들이 죽여 버렸다. 식민 사회에 예수회가 도착하면서 식민자들과 예수회 간의 대립이 자주 발생했다. 특히 원주민의 노예로 활용하는 문제에서 식민행정과 가톨릭의 입장차이가 분명했다. 식민자들은 사탕수수 경작에는 많은 노동력이 필요한데 원주민을 노예로 사용하는 것은 당연하다는 입장이었고, 예수회는 원주민들도 백인과 같은 사람이기 때문에 노예로 사용할 수 없다는 입장이었다. 이런 혼란을 반영하듯 해안지대를 포함한 여러 곳에서 원주민 반란이 발생했다.

또한 코스따가 브라질의 전 해안지역을 효과적으로 통제하지 못하면서 프랑스인들의 침입이 그치지 않았다. 사실 총독의 첫 번째 임무가 자주 출몰하는 프랑스인들을 격퇴시키는 것이었는데 업무를 충실히 수행하지 못했다. 결국 1555년에 니콜라우 듀란(Nicolau Durand de Villegaignon)이 지휘하는 프랑스 군대가 히우 지 자네이루의 과나바라 만을 점령했다. 프랑스의 목적은 브라질에 무역거점을 마련하고 인근 지역을 프랑스 식민지로 만드는 것이었다. 코스따 총독은 프랑스의 침입에 대한 책임을 물어 본국으로 송환되었다.

포르투갈 왕정은 멩 지 사(Mem de Sá) 총독을 파견하여 프랑스인들을 물리치도록 했다. 새로운 총독은 도착하자마자 식민지 사회의 기강을 세우고 도덕성을 회복시킬 목적으로 교리문답을 강화하여 예수회와 화해하고 적극적으로 지원했다. 그리고 도박을 금지시켰으며 직접 자본을 투자해서 농업을 장려했다. 식민사회가 점차 안정을 찾아가자 프랑스를 쫓아내기 위한 구체적인 계획을 세우고 본국에 도움을 요청했다.

프랑스인들도 자신들의 식민마을을 지키기 위해 포르투갈에 반대하는 원주민들을 회유하여 규합했다. 프랑스의 지원을 받은 원주민들이 우바투바에서 타모이우스 연합(Confederação Tamoios)을 조직하여 히우에서 가까운 상파울루 주의 도든 해안선을 장악하려고 했다. 지역에 살고 있던 투피남바 부족이 이 연합을 주도했는데 사실 상파울루 북부에 위치한 베르치우 강에서 카보프리우까지 지배하고 있던 세력이었다. 원주민의 반란이 1566년부터 2년간 지속되면서 과이아나제스(Guaianazes), 아이모레스(Aimorés)와 테미미노스(Temiminós)가 동참했다. 그리고 이들을 지원하고 있던 프랑스인들이 적극적으로 참여했고 식민행정에 불만을 품고 있던 일부 포르투갈인들도 참가했다. 예수회 마누엘 다 노브레가(Manuel da Nóbrega) 신부와 주제 앙시에타가 체포한 원주민을 풀어주는 조건으로 협상을 진행해 반란군들은 해산했다. 원주민 반란이 진압되고 본국에서 지원국이 도착해 프랑스를 몰아내기 위한 전투가 시작되었는데 결국 2년 후에 프랑스를 완전히 축출했다. 총독은 본국의 지원과 더불어 조카인 이스타시우 드 사(Estácio de Sá)의 지원까지 받아 군사력에서 우위를 점할 수 있었다. 프랑스 군이 물러나고 식민사회가 안정되자 1572년 멩지사는 다음 총독으로 대체되었다.

동 루이스 바스콘셀루스(D. Luís de Vasconcelos)가 4대 총독 임명장을 받고 예수회 신부 40명을 대동하고 브라질로 출발했다. 그러나 아소레스 섬 근처에서 프랑스의 공격을 받아 많은 예수회 신부들이 사망했다. 결국 본국으로 귀환하여 재정비하여 브라질로 출발했으나 이번에는 프랑스의 캘빈파의 공격을 받았다. 후임 총독 파견 자체가 어려워지고 한 명의 총독으로 브라질 전체를 관리하는 것이 어려워지자 1572년에 포르투갈 왕실은 브라질을 두 개의 구역으로 분할하여 통치하기로 했다. 하나는 바이아를 중심으로 한 북부 총독청, 다른 하나는 히우 지 자네이루를 중심으로 하는 남부 총독청이었다. 그러나 얼마 지나지 않은 1578년에 로렌수 드 베이가(Lourenço da Veiga)가 두 지역을 통합시켰다. 브라질 식민지에 총독제가 실시되면서 두 지역으로 분리되거나 통합되는 과정은 반복되었다. 1602년에 살바도르와 히우 지 자네이루로 분할되었다가 1621년에 통합되었다. 그리고 1725년까지는 살바도르와 상루이스(São Luís)로 분리되었다. 결국 1763년 브라질 식민 수도가 살바도르에서 히우 지 자네이루로 이전되면서 브라질의 식민통치가 단일한 중앙집권체제로 안정을 찾았다. 이와 같이 브라질 식민 사회의 중앙권력은 총독이 장악하고 있었다. 지방권력은 선한 사람들(Homens Bons)에 의해 선출된 시의원들로 구성된 시의회(Câmara Municipal)가 장악하고 있었다. 선한 사람들이란 포르투갈인이며 동시에 지방 엘리트들을 지칭하는 말이었다.

사탕수수 농장을 통해 본 식민 사회

초기 브라질 제당소는 소와 말의 힘을 이용한 작은 제당 공장(Trapiche) 형태였다. 그러나 수증자들이 수차(水車)를 이용한 제당소를 도입하면서 대규모로 변화되었다. 기술적인 변화는 브라질 식민 경제 체제를 초기 물물 교환 농업인 호사(Roça)에서 환금 작물을 재배하는 대농장을 거쳐, 사탕수수 재배에서 설탕 생산까지 모든 과정을 포함하는 제당소로 발전시켰다.

1570년에서 1625년 사이 유럽 시장에서 설탕 가격이 상승하면서 브라질 사탕수수 경작에 대한 투자가 증가했다. 이러한 투자를 바탕으로 사탕수수 대농장이 팽창했다. 1580년부터 1680년까지 1세기 동안 브라질은 세계 제일의 설탕 생산지였으며 또한 최대 수출지였다. 마갈량이스 드 간다부(Magalhães de Gandavo)에 따르면 1570년 브라질에 설치된 총 60개의 제당소 중에 2/3가 페르남부쿠와 바이아에 집중되어 있었다. 식민 초기에는 정착이 비교적 안정적으로 이루어졌던 페르남부쿠가 바이아보다 높은 성장률을 보여 연평균 8.4%의 성장률을 기록했다. 이는 유럽 시장의 설탕 가격 상승과 브라질 투자 자본이 증가했기 때문에 가능했고, 1570년에 원주민 노예화 법령이 발표된 이후 값싼 노동력을 지속적으로 이용할 수 있었기 때문이었다. 원주민 노동력 이용과 함께, 아프리카 앙골라와 기네 만에서 대규모의 흑인 노예들이 수입되었다. 흑인의 유입으로 1580년 중반에서 1612년까지 히우 지 자네이루 지역에서 사탕수수 농장이 확대되었지만 북동부 지역에서는 성장이 둔화되었다. 1612년에 디오구 지 캄푸스 모레누(Diogo de Campos Moreno)가 조사한 바에 따르면 제당소는 페르남부쿠에 90개, 파라이바(Paraíba), 이타마라카(Itamaracá)와 히우그란지(Rio Grande)에 23개가 있었다. 특히, 페르남부쿠와 바이아는 기후, 지리, 정치적·경제적 요인으로 인해 식민지 설탕 경제 중심지로 성장했다. 사탕수수 경작은 토양과 강수량에 의해 많은 영향을 받았는데 이 지역은 이런 조건들을 구비하고 있었다. 당시 제당소의 생산성은 기후, 강수량, 관리, 무역과 같은 외부적인 조건에 따라 결정되었다. 그리고 북동부 사탕수수 농업이 수출에 의존하고 있었기 때문에 인접한 지역에 항구가 위치하는 것은 필수적인 것이었다. 항구에 인접해 있지 않은 농장들은 육로 운송 수단과 수상 운송 수단을 갖추어야 하는 이중적인 부담을 안고 있었다.

1626년에서 1670년대 말까지 국제 시장에서 설탕 가격이 일부 회복되어 다시 사탕수수 경작이 증가했다. 1629년에는 히우에서도 작은 규모이기는 했지만 60개의 제당소가 운영되었다. 이때부터 히우 지역을 비롯한 남부 지역으로 사탕수수 농업이 확대되었다. 1630년에 네덜란드인들이 페르남부쿠를 침입했을 때 브라질에는 350개의 제당소

그림 7) 사탕수수 농장

가 운영되고 있었다. 설탕 생산은 네덜란드인의 침입으로 일시적으로 감소했지만, 네덜란드인들을 물리치면서 페르남부쿠에서 설탕 생산이 회복되었으며, 설탕 산업 성장을 위해 운송 시스템을 개선하고 수출을 위해 무역 회사(Companhia Geral do Comércio)를 설립했다. 무역 회사는 아프리카에서 흑인을 실어오는 일과 설탕을 유럽으로 실어 나르는 것이 가장 큰 목적이었다.

1670년대와 1680년대 초반 안틸레스 제도에서 생산되는 값싼 설탕이 공급되면서 국제 시장의 설탕 가격이 하락하여 브라질에 부정적인 영향을 미쳤다. 또한 사탕수수 농장 소유 구조가 변화되어 1680년 이후 포르투갈 귀족들을 비롯한 이민자와 그 후손들이 전체 제당소의 60%를 차지했다. 이들은 대부분 포르투갈 태생 상인으로 상업 활동을 통해 획득한 수입으로 제당소를 사거나 브라질 대농장주와의 결혼을 통해 제당소 주인이 되었다. 브라질 대농장주들은 대부분이 항구를 끼고 있는 지역에 거주하고 있었기 때문에 도시와 제당소 간의 이동이 자유로웠고 상호 교환이 가능했다. 브라질 설탕 생산은 국제 시장 변화에 영향을 받아 1710년 18,500톤까지 감소하여 1620년대 수준에 머물렀다.

17세기 말 사탕수수 산업은 국제 시장 변화와 1674년에 페르낭 디아스 파이스(Fernão Dias Pais)가 미나스제라이스에서 금을 발견하면서 쇠퇴했다. 18세기에 들어서면서 금광 개발 붐이 형성되었고 상파울루, 히우 지 자네이루와 바이아에서 많은 사람들이 광산지역으로 이동했다. 1730년에 금 채굴에 종사했던 인원이 4만 명으로 증가했다.

그러나 브라질 식민 경제 변화에도 불구하고 식민 사회 구조는 여전히 사탕수수 경제에 기초하고 있었다. 브라질 식민 사회는 제당소 주인과 사탕수수 경작자, 하층민과 노예로 계층화되어 있었다. 경제적인 관점에서 제당소 주인과 사탕수수 경작자들 간에는 적대적 관계가 형성되어 있었음에도 불구하고 공통적인 배경, 열망과 태도를 지니고 있었다. 두 집단은 조세, 무역 정책, 다른 인종 집단과의 관계에서 동일한 이해관계를 형성하고 있었을 뿐만 아니라 식민 사회에서 군대와 시의회를 장악하고 있어 높은 정치적·사회적 지위를 누리고 있었다. 특히 제당소 주인은 식민 사회에서 상당한 사회적·경제적·정치적 권력을 행사하고 있었다. 포르투갈 귀족들은 포르투갈 왕실이 식민 초기 해안 지대 정착과 정복에 참가했던 시민들에게 제공한 세스마리아를 통해 제당소를 소유하게 되었으며 제당소 관리를 대리인이나 감독자들에게 맡겼다.

사탕수수 경작자들은 대체적으로 제당소를 소유하고 있지 않았으며, 제당소를 중심으로 운영되던 브라질 식민 경제에서 보조적인 역할을 담당했다. 제당소는 평균 4~7명의 사탕수수 경작자들과 연결되어 있었다. 경작자들 중에 특권을 지닌 사람들은 자신의 땅을 소유하고 있는 사람들로서 제당소와 사탕수수 공급 계약 협상을 할 수 있었다. 경작자들의 대부분은 특정한 제당소에 사탕수수를 공급해야 하는 의무를 지니고 있었다. 이와 같이 이론적으로는 제당소 주인과 사탕수수 경작자의 관계는 상호 보완적인 것이었지만, 식민 사회에서는 제당소 주인의 권력이 상위에 위치해 있었다. 사탕수수 경작자들은 다른 제당소로 사탕수수를 판매할 경우에는 경제적 손실을 감안해야 했다. 이런 제당소와 사탕수수 경작자의 관계가 식민 사회에 온정주의적인 관계를 형성했다.

하층민은 가난한 백인과 자유 유색인들로 구성되었다. 이들은 주로 대농장에서 임금 노동자로 일했다. 17세기에 하층민이 증가하면서 제당소의 노동 형태도 일시적 고용을 의미하는 거주자(Agregados ou Moradores)와 연봉을 받는 노동자(Soldada)로 구분되었다. 제당소에서는 정기적으로 나무꾼, 뱃사공, 목수, 석공과 기타 수공업자들을 고용했는데 이들은 임금을 받았다. 반면, 설탕 공정의 기술자, 감독자, 뱃사공 등은 연봉을 받았다. 원주민은 임금 구조에서 백인과 자유 유색인들보다 낮은 임금을 받았으며, 임금은 주로 상품으로 지급되었다. 제당소는 토지, 기술, 강제적인 노동, 관리와 자본이 복합적으로 구성되어 있어 식민 경제와 사회를 포괄하고 있었다. 또한 설탕 생산은 기술, 반공업적인 과정과 집약적인 농업이 결합한 경제 활동이었다. 사실, 설탕 생산은 16세기와 17세기 유럽인의 경제 활동 중에 가장 복잡하고 체계적인 활동이었다. 유럽의 근대적인 산업 형태가 신대륙에 최초로 적용된 것이었다.

이와 같이 브라질 식민 사회는 제당소와 사탕수수 경작자들 간의 계약 관계로 인해 스페인, 인도, 영국과 프랑스령 카리브 지역보다 많은 사탕수수 재배자들이 있었다. 이것은 사탕수수 재배 위험과 부담을 여러 사람들에게 분산시키는 효과를 가져왔으며 브라질의 노예 소유 구조를 더 복잡하게 했다. 식민 말기 사탕수수 경작자들이 1/3의 노예를 소유하고 있었다. 이렇게 사탕수수 경작에 집중되어 있던 노예는 금광 개발과 다른 작물 생산이 시작되면서 다른 지역으로 이동했다. 가령 노예들은 사탕수수 경작지에서 담배와 목화를 생산하던 북동부의 다른 지역, 금과 다이아몬드를 생산하던 미나스제라이스, 커피를 생산하던 남동부로 점진적으로 이동했다. 이것은 브라질 식민 경제 붐 기간의 특성에 따라 이루어졌으며, 노예 노동력이 식민 경제의 기초를 이루고 있었음을 의미한다.

식민 경제·사회 구조의 기초가 되었던 사탕수수 경작 확대 원인은 다음과 같다. 첫째, 포르투갈인들은 다른 식민지에서 사탕수수를 생산하고 있었기 때문에 사탕수수 경작 경험이 풍부했다. 둘째, 포르투갈 왕실이 제공한 봉토 내에서의 토지 이용이 자유로웠다. 셋째, 국제 시장에서 설탕 소비 시장이 확대되고 있었다. 넷째, 흑인 노예 노동력을 이용할 수 있었다. 다섯째, 유럽 설탕 공급 망을 확보하고 있었다. 여섯째, 사탕수수 재배에 필요한 자본 이용이 비교적 자유로웠다. 일곱째, 이미 포르투갈이 설탕 시장을 독점하고 있었다. 포르투갈은 이미 몬데구(Mondego), 마데이라 섬, 아프리카의 카부 베르지(Cabo Verde), 상토메(São Tomé) 섬에서 봉토제를 통해 많은 양의 설탕을 생산하고 있었다.

이베리아 연방과 식민지 브라질

포르투갈의 동 주앙 3세는 9명의 자식이 있었으나 1557년에 정작 본인의 사망 직전에는 모든 자식들이 죽어 후계자가 없었다. 왕위 계승권은 유일한 생존자였던 동 세바스티앙(염원한 자)에게 있었는데 나이가 3세에 불과했다. 왕세자가 너무 어려 왕위는 카를로스 5세의 여동생인 도나 카타리나(D. Catarina)가 섭정을 맡았다. 그녀는 카스티야인이었기 때문에 포르투갈의 일반 시민 대표들로부터 저항을 받았다. 이에 따라 1562년 섭정직은 세바스티앙의 작은 할아버지인 동 엔리케 추기경이 맡게 되었다. 당시 포르투갈은 왕위 계승과 같은 정치적 문제와 함께 심각한 경제위기에 직면해 있었다. 16세기에 지중해 무역이 다시 성장하면서 아시아 무역에 대한 독점권을 점차 상실하고 있었다. 1570년에 포르투갈 왕국은 선단 조조과 운영에 필요한 재정적인 능력이 소진되어 동양 교역의 독점권을 포기하고 상인들에게 권리를 대여했다. 디오구 드 코우투(Diogo de Ccuto)는 동양항로를 포기하고 모잠비크를 포함한 아프리카 남단과 서해안을 포함한 제국을 건설할 것을 주장했다.

드디어 1568년에 동 세바스티앙이 14세로 성년이 되었다. 그는 왕국을 통치하는 방법, 군사적 영웅주의의 숭배, 왕권의 신성함을 교육받아 포르투갈이 위협받는 크리스트교의 정신의 구원자가 되어야 하고, 자신이 주역이 되어야 한다고 생각했다. 구세주의적 열망을 안고 있던 그는 1572년에 이교도들과의 전투를 위해 함대를 편성하였으나, 폭풍으로 테주 강에 집결해 있던 배들이 파손되어 계획을 철회했다. 1578년에 24세가 된 동 세바스티앙은 1만 7천 명의 원정대를 구성하여 아프리카로 향했다. 알카세르키비르(Alcacer Quibir) 근처에서 모로코왕의 군사와 충돌했으나 포르투갈군은 참패했고 왕은 실종되었다.

동 세바스티앙이 실종되자 포르투갈은 왕위 계승 문제가 표면으로 나타났다. 가장 근접한 왕위계승자는 도나 카타리나였는데, 국민들의 지지를 받고 있었다. 그러나 스페인 왕인 펠리페 2세가 포르투갈의 크리스토방 드 모우라(Cristovão de Moura)를 이용하여 뇌물 공세와 허위선전을 통해 스페인 왕을 지지하도록 하였다. 이에 따라 독립을 유지하느냐 아니면 스페인의 왕에게 왕위를 넘겨줌으로써 이베리아 반도의 통일을 이루느냐 하는 문제가 더두되었다. 1579년에 리스본에서 성직자, 귀족 그리고 국민대표들이 40명의 대표를 구성하여 형식적이기는 했지만 궁정회의를 개최했다. 회의가 진행 중 왕위에 올랐던 동 엔리케는 고령으로 사망했으나 유언장에는 왕위계승에 대한 아무런 언급이 없었다. 이후 수도원장인 동 안토니우가 국민들을 지지를 받고 있었다. 그가 리스본에 입성하자 귀족들은 도망가 버리고 시민들이 환대했다. 세투발에 있던 5인의 임시정부 대표들은 이것을 혁명의 시작으로 알고 배를 타고 스페인의 아이아몬트로 이주했다. 이에 스페인군의 보호를 받으며 펠리페 2세가 포르투갈의 합법적인 왕임을 선언했다.

스페인 군대가 즉시 국경을 넘어 포르투갈에 침입하여 저항 없이 리스본에 입성했다. 동 안토니우는 군대를 조직하려 했으나 호응을 얻지 못했다. 노예와 농노를 해방시켜 주는 조건으로 그들을 징집하여 1580년 8월 25일에 스페인 군과 교전하였으나 참패하고 펠리페 2세가 포르투갈의 주인이 되었다. 스페인은 포르투갈을 통합시키면서 스페인과 분리된 포르투갈의 자치권을 인정해 주었다. 대신 리스본에 총독 혹은 부왕을 파견하여 포르투갈의 움직임을 통제했다.

1580년부터 1640년까지 이베리아의 두 왕국은 스페인 왕의 통치를 받았다. 두 왕국의 통합으로 남아메리카 전체가 스페인의 영토가 되었다. 역설적으로 스페인과 통합된 60년간 포르투갈은 대서양 식민지에서 뜻밖의 이익을 보았다. 국경선이 사라지면서 포르투갈인과 브라질인들은 토르데시야스 경계선을 넘어 내륙으로 진출할 수 있었다. 내륙 진출의 교두보는 역시 상비센치 봉토였다. 원주민 노예를 사냥하기 위한 탐험으로 열대 우림을 가로질러 내륙으로 진출했고, 원정대인 반데이란치스(Bandeirantes)들은 내륙의 오지와 예수회 선교 마을에서 원주민들을 잡아왔다. 이들의 활동은 크게 두 시기로 구분되는데, 제1기는 1580년에서 1670년까지로 노예사냥이 대부분을 차지했다. 제2기는 1670년에서 1750년까지로 금광개발을 위한 원정을 실시했다. 반데이란치스들이 경계선을 넘어 진출하면서 자연스럽게 내륙 진출과 개발이 진행되어 정복한 영토가 점점 확대되었다.

해안 지역에 대한 경비가 느슨해졌는데 브라질 발견 이후 브라질에 관심을 보였던 프랑스, 영국과 네덜란드는 직접적으로 브라질에 침입했다. 네덜란드는 북동부의 사탕수수 경작지에 침입하여 브라질 식민 경제과 사회에 많은 영향을 미쳤다. 프랑스는 히우 지 자네이루를 점령하고 약 10년간 통치했다. 영국은 식민 정복에 왕정의 직접적인 개입보다는 해적들의 해적 행위로 획득한 지역에 대해 왕정이 인정하고 지원했다. 1583년 12월 16일에 영국의 해적이었던 에드워드 펜턴(Eward Fenton)이 군함 1척, 범선 2척과 약 200명의 선원으로 상투스를 침공했다. 그 결과 상투스의 방어를 강화하기 위해 바하 그란지 요새를 건축했다. 프랑스와 영국의 침입은 포르투갈이 브라질을 좀 더 체계적으로 방어해야 하는 필요성을 각인시켰으며 필요한 요새들을 건축하는 계기가 되었다.

삼각무역을 장악한 네덜란드의 침입

포르투갈과 네덜란드는 1500년대부터 플랑드르 무역청(Casa das Flandres)을 중심으로 활발한 교역을 나누었다. 네덜란드인들은 북유럽에서 밀, 금속제품, 세련된 직물, 가내 수공품 등을 포르투갈로 수출하였고 포르투갈은 소금, 포도주, 인도의 향료, 브라질의 설탕과 브라질 나무 등을 네덜란드에 수출했다. 네덜란드는 1578년 스페인으로부터 독립했으며 스페인은 네덜란드 배에 대한 스페인과 식민지 항구를 폐쇄했다. 또한 1580년 포르투갈이 스페인에 합병되면서 스페인은 포르투갈과 네덜란드 간의 무역을 억제하려 하였으며 그 뒤 1609년에 맺은 임시 평화 조약이 끝나던 1621년에 양국은 유럽의 30년 전쟁(Guerra dos Trinta Anos: 1618~1648, 스페인－구교, 네덜란드－신교)을 시작했다. 이 전쟁을 통해 네덜란드는 당시 스페인의 아메리카·아프리카 무역 잠식을 통해 경제적 이익을 획득했다. 네덜란드는 1602년에 동인도회사(Companhia das Índias Orientais)를 통해 동양과의 무역을 촉진시켰으며, 1626년에는 서인도회사(Companhia das Índias Ocidentais)를 세워 스페인과 본격적인 경쟁에 들어갔다. 네덜란드는 스페인이 지배하고 있고 설탕 산업에 잘 형성되어 있는 브라질에 많은 관심을 보였다. 이후 서인도회사는 24년간 대서양에서의 약탈, 정복과 점령에 대한 독점권을 행사하게 되었다. 이렇게 하여 네덜란드의 무역 자본주의가 브라질, 카리브와 아프리카 연안에 영향을 미치게 되었다.

네덜란드인들은 1624년에 접근하기 가장 쉬운 바이아로 1차 침입을 시도했다. 이들은 23척의 배, 3척의 상륙선, 1,600명의 승무원, 1,700명의 군인, 그리고 500개의 대포로 무장하고 있었다. 포르투갈의 식민자들은 디오구 지 멩도사 푸르타두(Diogo de Mendonça Furtado) 총독을 중심으로 네덜란드인들을 물리치기 위해 동원되었으나 300여 명에 불과했으며, 전세는 급격하게 네덜란드로 기울었다. 네덜란드인들은 총독과 식민 관리인들을 체포하여 본국으로 호송했다. 포르투갈과 스페인은 52척의 군함과 12,563명의 군인을 바이아로 급파했으며,

그림 8) 네덜란드의 정복과 지배

1625년 4월 30일에 네덜란드 함대의 제독이던 에르네스트 키프 (Ernest Kijf)에게서 항복을 받고 한 달 보름간의 식량과 배 몇 척만을 주고 네덜란드로 돌아가도록 했다.

1627년 3월에 네덜란드의 피터헨(Pieter Heyn)이 이끄는 함대가 다시 바이아를 침입했다. 네덜란드인들은 25척의 배를 약탈했고 다시 7월에 2척의 배를 약탈했다. 또한 스페인의 쿠바해안에서 스페인 배를 공격하여 많은 은을 획득했다. 이러한 부를 토대로 해서 1630년에는 페르남부쿠를 침입했다. 마티아스 드 알부케르키(Matias de Albuquerque) 총독은 포르투갈에 있었는데 그 소식을 접하고 급히 페르남부쿠로 귀향하여 전열을 가다듬었다.

총독이 도착한 5일 뒤 네덜란드의 론크(Loncq)가 이끄는 70척의 함대가 올린다(Olinda) 하구에 모습을 드러냈고 수적으로 열세에 놓인 총독은 올린다와 헤시피 사이의 아하이알 두 봉 제주스(Arraial do Bom Jesus)에 정박했다. 포르투갈은 스페인의 원군과 함께 반격했지만 역부족이었다가 1632년경 당시 밀수꾼으로 북동부 지방의 지리를 훤히 알고 있던 도밍구스 페르난데스 칼라브라르(Domingos Fernandes Calabar)가 네덜란드군에 망명하면서 전세가 급격히 기울었다. 그 후 5년간 네덜란드는 브라질의 히우그란지두노르치, 파라이바와 페르남부쿠를 통치했다.

이러한 상황 속에서 네덜란드는 브라질을 자국 식민지화하려는 계획을 수립, 동 점령지역에 대한 자국의 총독으로 주앙 마우리시우 드 나사우(João Maurício de Nassau Siegen)를 1637년에 브라질로 파견했다.

나사우는 브라질 내 네덜란드 점령지역을 노바 올란다(Nova Holanda)로 명명하고 곧바로 알라고아스와 세르지피(Sergipe)를 침공했다. 또한 브라질 식민 수도였던 바이아를 공격했으나 함락시키지 못하고 헤시피로 귀환했다. 헤시피에서 스페인 원군과 격전을 벌이던 중 1640년에 포르투갈이 동 주앙 6세(D. João VI)의 지도하에 스페인으로부터 독립했으며, 이듬해에는 네덜란드와 평화협정을 체결했다. 브라질의 포르투갈 총독이었던 동 조르지 드 마스카레냐스(D. Jorge de Mascarenhas)가 이 사실을 나사우에게 알리게 되고 두 사람은 일시적으로 휴전과 동시에 화해했다.

브라질에서 나사우가 전쟁을 중단했으나 아직 포르투갈과 네덜란드 사이에 공식적인 평화협정은 맺어지지 않았다. 나사우는 아프리카로 군대를 파견하여 앙골라와 상토메를 점령하고 브라질의 마라냥을 점령했다. 그리고 헤시피를 노바 올란다의 수도로 정하고 긴 전쟁으로 황폐화된 페르남부쿠 사탕수수 산업을 재건하기 위해 농장과 제당소 운영을 위해 자금을 대출하기도 했다. 그리고 서인도회사의 최고위원회를 헤시피에 설치하여 본격적으로 브라질 북동부 지방을 정치적으로 장악했다. 나사우는 헤시피에 다리를 놓고 도로를 포장하고 총독부를 건설하였으며, 본국으로부터 자연과학자와 의사, 예술가 등을 불러들여 헤시피에 북유럽의 문화를 이식시켰다.

그러는 가운데 1642년에는 마라냥에서 제당소 주인이었던 안토니우 무니스 바헤이루스(Antônio Muniz Barreiros)을 중심으로 나사우에 반대하는 움직임이 시작되었다. 1644년 마라냥은 나사우의 지배로부터 독립했으며, 같은 서인도회사와 불화를 겪던 나사우는 브라질을 떠났다. 노바 올란다의 총독이었던 나사우는 세아라와 세르지피를 정복하고 바이아 점령을 시도했다. 또한 식민지의 종교적 자유를 허용했으며, 농업과 목축업을 장려했고 헤시피를 건설했다.

한편 포르투갈의 동 주앙 6세는 외교적으로 네덜란드의 브라질 북동부 점령을 공식으로 인정하면서도 그와 동시에 브라질 내에서의 반네덜란드 움직임을 자극했다. 1645년 6월에 페르남부쿠의 반란(Insurreição Pernambucana)이 일어났으며 그해 8월 네덜란드가 원군을 보냈다. 동 주앙 6세는 포르투갈 본국의 군조직 약화를 우려하여 네덜란드와 정면충돌을 피했다. 국내정세 안정에 주력하던 그는 세아라에서 세르지피에 이르는 브라질 영토를 포기할 생각도 했다. 그러나 1648년 4월 19일에 브라질 내 군대를 부추겨 네덜란드와 1, 2차 과라라피스 전투를 일으켰다. 1654년 1월 26일에 네덜란드 군은 항복했다. 네덜란드 정부는 1657년 포르투갈 정부에 리스본의 테주 강으로 진격하겠다고 위협했고 페르남부쿠, 앙골라와 상토메를 되돌려줄 것과 브라질에서 입은 피해를 보상해 줄 것을 요구하여 40만 크루자두를 전쟁 보상금 으로 받고 합의하여 브라질에서 물러났다.

네덜란드가 침입하면서 북부지방에서 몇 가지 변화가 발생했다. 우선 페르남부쿠 반란을 통해 브라질에 향토주의(Nativista) 의식이 대 두되었다. 브라질에 정착한 포르투갈인들이 자신의 재산을 보호하고 정치적 독립을 주장하면서 애향심을 지니게 되었다. 또한 유럽의 무 역망과 자금력을 지니고 있던 네덜란드가 사탕수수 산업의 무역을 빠르게 성장시켰다. 이러한 자금력을 바탕으로 브라질 사탕수수 산업 의 최고의 호황기를 누릴 수 있었다. 그리고 헤시피가 식민 정착 마 을로서 모습을 갖추기 시작했다. 반면 네덜란드가 물러나면서 사탕수 수 경작과 제당기술을 가져가면서 안틸레스 제도에서 설탕이 생산되 었는데 이를 계기로 설탕의 국제가격이 하락했다.

다양한 혼혈과 혼종

브라질 식민 사회는 대농장을 중심으로 이루어지는 사탕수수 경제 에 기초하고 있었다. 대농장은 자급자족, 반봉건 체제, 대가족제를 유 지하고 있었으며 식민 사회 조직일 뿐만 아니라 식민 행정 기관의 역 할을 담당했다. 또한 브라질 식민사는 인종 혼혈의 역사라고 할 수 있는데, 유럽의 백인, 아프리카 흑인과 아메리카 원주민이 브라질이 라는 토양에서 공존의 공간을 만들어 갔다. 식민 사회의 인종관계는 백인을 정점으로 혼혈인, 흑인과 원주민 순으로 계층화되어 있었는데, 흑인과 원주민의 차별은 노동력의 활용도에 따라 결정되었다. 포르투갈은 브라질에 도착한 이후 브라질 나무 채취 산업에 원주민 노동력을 이용했으나, 원주민들의 생활습관이 심한 육체노동에 적합하지 않았고, 백인과의 접촉을 통해 발생한 질병으로 많은 원주민들이 사망하여 아프리카로부터 흑인들을 유입했다. 사탕수수 경작이 본격적으로 진행되면서 많은 흑인들이 브라질로 유입되었다. 따라서 브라질 사회는 이중적인 계층구조로 양극화되어 있었다. 사회 상층은 농업 귀족들이 차지하고 있었고 하층에는 원주민과 흑인들이 대부분을 차지하고 있었다. 그러나 양극화된 구조는 혼혈이 발생하면서 다소 완화되었는데 혼혈인들은 유럽과 아프리카인의 후손인 포흐스(forros), 유럽인과 원주민의 혼혈인 메스티소(mestiço), 백인 후손과 원주민의 혼혈인 마멜루쿠(mameluco), 행상인인 마스까치(mascate), 소작인(rendeiro), 군인(agregado) 등으로 분류되었다. 인종적인 특성이나 직업적인 특성에 따라 분류되었는데, 그러면서 지급적인 구조로 브라질 사회가 정착되었다.

사탕수수 대농장은 식민 사회의 중심을 이루고 있었으며, 백인 주인이 거주하는 카자 그란지(Casa Grande)와 흑인들이 거주하는 센잘라(Senzala)로 구분되어 있었다. 두 건물은 정원을 사이에 두고 마주하고 있었는데, 이는 백인 주인이 흑인 노예들의 생활을 관찰할 수 있도록 하기 위한 것이었다. 대저택은 백인들이 거주하는 곳으로 포르투갈의 건축 양식과 내부 구조로 이루어졌으며, 가사 노동은 초기에는 원주민 노동력을 이용했으나 흑인 노예들이 유입된 이후에는 흑인으로 대체되었다. 노예들은 가사 노동을 통해 대저택에 흑인의 음식, 놀이 등을 비롯한 아프리카 문화를 전달했다.

노예들은 군대식 막사인 센잘라에서 단체 생활을 했으며, 남·여가 분리되어 수용되었다. 센잘라 내부에는 간이침대를 설치하여 많은 노예들이 함께 생활할 수 있도록 했다. 센잘라는 저녁 10시까지는 출입이 자유로웠으나 이후에는 출입문을 폐쇄하고, 다음 날 일과가 시작되기 1시간 전에 문을 열어주어 엄격히 통제했다. 흑인 노예들의 의복은 매우 단순한 것으로 남자들은 바지와 상의만을 입고 있었으며, 여자들은 치마와 상의만을 입고 생활했다. 여성들의 옷은 대부분이 브라질에서 생산된 면화로 만든 것들이었다.

사탕수수 농장에서 흑인들에게 제공된 음식은 주로 따뜻한 물에 돼지비계를 곁들인 옥수수 가루를 섞어 만든 "앙구(Angu)"였으며, 저녁에는 "페이자웅(Feijão)"이 제공되었다. 축제일에는 고기가 제공되었으며 자유로운 여가 시간과 모임을 가질 수 있는 공간이 제공되었다. 이러한 모임을 통해 자신들의 해방을 표현할 수 있는 활동을 준비하기도 했다. 축제일에는 전통적인 종교 행사, 나무로 만든 북으로 아프리카 리듬에 맞춰 "바투케(Batuque)"를 비롯한 아프리카 전통 춤을 즐겼다. 놀이 문화들은 식민기를 거쳐 독립 이후에도 지속되었다.

이와 같이 대농장은 백인 문화가 유지되는 곳이면서 동시에 원주민과 흑인 문화의 접변이 발생하는 공간이었다. 문화 접변은 유럽 문화와 원주민 문화의 혼혈, 유럽 문화와 흑인 문화의 혼혈로 구분할 수 있다. 첫째, 유럽 문화와 원주민 문화의 혼혈은 먼저 인종적인 부분에서 시작되었다. 혼혈은 사람들 간의 공간적인 혼합뿐만 아니라 문화적 교환을 포함하고 있었다. 브라질의 혼혈은 백인과 원주민의 혼혈에서 시작되어 메스티소를 탄생시켰다. 이러한 혼혈은 "쿠냐디스무(Cunhadismo)"를 통해 이루어졌는데 주로 백인과 원주민의 혼혈인 마멜루쿠를 만들었다. 이들은 금이나 귀금속과 원주민 노예를 찾기 위해 토르데시야스 조약의 경계를 넘어 포르투갈의 영토를 확장시켰다. 식민 기간 브라질의 인종적, 사회적 정의는 인종적, 계급적인 범위를 관통하는 복잡한 계층 구조에 따라 이루어졌으며, 특히 인종적인 순수성과 피부색의 밝기에 따라 사회적 지위가 결정되었다. 따라서 혼혈인은 식민 사회가 수용하는 인종 간 계층 구조에서 중간적인 위치를 차지할 수 있었고, 또한 자신의 노력에 따라 사회적 신분 상승을 꾀할 수 있었다. 그 외 부의 축적을 통해서 사회적 지위를 상승시킬 수 있었다. 식민이 시작된 이후 첫 100년간은 상파울루와 북동부 지역에서 포르투갈인과 원주민들의 혼혈이 집중적으로 이루어졌다. 둘째, 유럽 문화와 흑인 문화의 흔혈은 노예들이 브라질로 이동하는 선상에서 먼저 이루어졌다. 사실, 일부 흑인들은 아프리카에서 이미 유럽 문화를 경험했었다. 흑인들은 문화적 동화 수준에 따라 구분되었는데, 아프리카에서 최근에 도착한 흑인을 보살(Boçal), 포르투갈어와 관습에 상대적으로 익숙한 아프리카인을 라디누(Ladino)라고 불렀다. 식민 사회에서 유색 인종은 피부색으로 인해 두 가지 점에서 불이익을 당했다. 하나는 검은 피부색이 아프리카적인 기원을 의미하는 것이기 때문에 사회적으로 지위가 낮았다. 다음으로 백인은 지위가 낮은 인종과는 결혼하지 않았기 때문에 부적절한 관계에 의해 태어났다는 평가를 받았다. 그럼에도 불구하고 식민 말기 혼혈인들이 증가하면서 "코아르타두(Coartado)"라는 새로운 계층을 형성했다. 이들은 자신들의 경제적 능력을 이용해 스스로를 해방시키는 과정에 있는 노예들이었다. 이와 같이 사탕수수 대농장은 브라질 식민 경제뿐만 아니라 사회 구조를 이루는 기본적인 체제였다. 식민 사회 구조는 대농장의 구조와 같은 주인과 노예로 양분되어 있었는데, 백인과 흑인 간의 혼혈이 발생하여 새로운 중간 계층을 형성하게 되어 다소 완화되었다. 식민 사회에서 혼혈이 증가했던 이유는 몇 가지로 분류해 볼 수 있다. 우선, 포르투갈인들이 혼혈에 대해 극단적인 태도를 보이지 않았다. 또한 식민 초기 유럽인은 주로 남성으로 구성되어 있어, 성비 불균형이 심각했기 때문에 다른 인종 간의 혼혈이 촉진되었다. 마지막으로 대농장주의 권력이 흑인과 원주민 노예에 전제적으로 작용하여 부적절한 관계로 이어져 혼혈이 발생하는 경우가 많았다.

대서양을 건너온 사람들

노예제는 고대 사회에서도 있었지만, 중세 유럽과 아프리카 대륙에도 유지되고 있었다. 신대륙 발견 이후에 형성된 식민 사회의 노예제는 유럽의 중상주의와 관계되어 있다는 점에서 차이가 있었다. 노예제는 유럽의 산업 자본주의 형성을 위한 전제 조건인 자본의 초기 축적을 위해 이용되었다. 이러한 조건 속에서 이루어진 노동의 사회 관계와 노예제 경제 사이에는 몇 가지 기본적인 특성들이 있었다.

첫 번째 특징은 노동 수단이 판매되는 것이 아니라 노동자들이 판매되는 것이었다. 노예는 주인의 법적인 소유물로서 시장에서 판매되는 상품이었다. 따라서 구매 활동 외에 재산으로써 대여, 경매와 몰수가 이루어지기도 했다. 포르투갈은 노예에 대해서 인간과 사물이라는 모순된 필리페와 마누엘(Códigos Manuelino e Filipino)법을 약 100년간 적용했다. 이 법은 노예를 물건, 도구와 상품으로 규정하고 있었다. 따라서 브라질에서 흑인은 인간적인 대우를 받지 못했으며 노동력으로만 인정되었다. 두 번째 특징은 부의 수탈이 이루어졌다는 것이었다. 노예 노동력 고용으로 발생한 소득의 수탈은 자본주의, 사회주의와 같은 경제·사회 시스템과는 구별되는 논리를 지니고 있었다. 식민 노예 사회에서 노동자는 부의 창출과 생산 활동이 시작되기 전에 내부적인 판매 가치를 지니고 있었다. 이것은 노예 소유주의 전자본적 축적뿐만 아니라 시스템 내의 노동자 수탈과 관련된 특별한 법률을 필요로 했다. 세 번째 특징은 노예 인구 재생산 법칙이 매우 엄격했다는 것이었다. 노예들이 가족을 형성하거나 아이들을 키우는 것은 경제적이지 못한 것으로 여겨졌으며, 노예의 평균 노동 기간은 사탕수수 대농장, 광산과 식민 도시 등에서 이루어진 폭력 등으로 10년 정도였다. 이와 같은 문제들로 인해 노예 체제는 무역에 의존했다. 네 번째 특징은 브라질을 유럽의 중상주의 체제에 종속시켰고, 자본의 본원적인 축적을 가능하게 했으며 유럽의 자본주의 생산 양식을 형성하는 것을 촉진했다. 식민 경제 구조에서 노예는 자본주의 발전의 생산 수단으로 기능했기 때문에 독립 이후에도 종속적인 자본주의 구조를 유지하기 위해 노예제가 필요했다.

포르투갈 식민자들이 아프리카 흑인들을 노예로 선택하게 된 것은 원주민들이 사탕수수 노동에 적합하지 않았기 때문이었다. 식민 이전 원주민은 채집 생활과 자유로운 이동 생활을 해왔기 때문에 유럽인들이 적용하는 규칙적이고 고된 노동에 적합하지 않았다. 그럼에도 불구하고 초기 포르투갈 정착자들은 두 가지 방법을 통해 원주민을 식민 경영에 이용했다. 우선, 경제적인 측면을 고려하여 순수한 노예로 만드는 것이었다. 다음으로는 종교적인 교화를 통해 정착촌이나 원주민 마을을 건설하는 것이었다. 교화 사업은 예수회가 담당했는데, 예수회 신부들은 교육을 통해 원주민을 "좋은 기독교(Bons-Cristãos)" 인으로 개종시키려 했다. 따라서 브라질 식민 사회에서 원주민들이 좋은 기독교인이 된다는 것은 유럽인의 노동 습관을 습득한다는 것을 의미했다. 당시 예수회의 원주민에 대한 평가는 마누엘 다 노브레가(Manuel da Nóbrega) 신부가 "원주민은 죽이고 먹는 개나 돼지와 같다."라고 했던 것에 잘 나타나 있다. 초기 예수회 신부들도 원주민에 대해 인간적인 대우를 하지 않았다. 예수회는 이교도 전도라는 교회의 목적과 식민 경제의 노동력 필요에 따라 교화 사업을 추진했으나 실패했다.

원주민은 백인들과의 접촉으로 황열병, 천연두, 독감과 같은 질병으로 많은 수가 사망했다. 포르투갈인은 원주민을 노예화하는 데 실패했는데, 그것은 원주민들이 강제적인 노동력을 거부하고 지리적 환경에 밝은 것을 이용해 도망했기 때문이었다. 포르투갈인은 환경적인 요인 외에, 인구학적 요인으로 인해 원주민의 노예화를 포기했다. 1562년과 1563년에만 원주민들이 질병으로 6만 명 이상 사망했으며 북동부에서는 기아가 발생했다.

흑인 노예들은 1538년부터 브라질의 페르남부쿠, 바이아와 히우지 자네이루로 수입되었다. 식민 초기에는 흑인 노예 수입이 소수에 불과했지만, 1570년부터 사탕수수 경작이 확대되면서 빠르게 증가했다. 포르투갈은 이미 무어인의 피지배 경험과 아프리카 식민지에서 흑인 노예를 이용한 경험이 있었다. 따라서 흑인 노동력을 효율적으로 이용할 수 있었고, 아프리카 노예들도 사탕수수 경작과 설탕 생산에 필요한 기술을 습득하고 있었다. 특히, 브라질로 유입된 일부 흑인들은 제당 기술을 습득하고 있었다. 노예 유입은 1850년 대외적인 노예무역이 금지될 때까지 계속되었으며, 1888년 노예제가 폐지될 때까지 브라질 경제 활동에서 중요한 부분을 차지했다.

브라질로 많은 노예가 수입될 수 있었던 것은 포르투갈의 노예무역 지배, 브라질과 아프리카 식민지의 지리적 인접성, 노예 인구의 낮은 성장률 때문이었다. 특히 브라질 내에서 노예 인구 성장률이 낮았던 이유는 다음과 같다. 노예는 노동력만으로 평가되었기 때문에 남자 노예가 주로 수입되어 성비 불균형이 심각했다. 흑인 노예는 결혼하지 못했기 때문에 가족 구성이 이루어지지 못했다. 또한 흑인 어린이들이 보호받지 못했기 때문에 어린이 노예 사망률이 높았다. 그리고 노예들은 백인들이 부과하는 지나친 노동과 질병 등으로 수명이 짧았다.

브라질에 유입된 흑인 노예 수는 정확하게 산정하기 어렵지만 아폰수 타우나이(Afonso d'Escragnolle Taunay)는 각각 16세기 100,000명, 17세기 600,000명, 18세기 1,300,000명. 그리고 19세기 1,600,000명으로 총 3,600,000명이 수입되었던 것으로 추산했다. 1798년에 브라질 인구가 325만 명이었는데 노예가 150만 명, 자유 흑인이 40만 명 등으로 아프리카 흑인들이 다수를 차지했다. 반면, 1819년에는 노예 출신들이 전체 인구의 27%를 차지했는데, 이러한 변화는 1807년 포르투갈 왕실이 히우로 천도하여 많은 포르투갈인들이 이주했기 때문이었다.

16세기와 17세기에 브라질로 수입돈 아프리카 흑인 노예들은 지역적으로 구분하면 그림에서와 같다. 특히 이들을 문화적 특성에 따라 구분하면 다음과 같다. 첫째는 나이지티아와 황금 해안 등지에서 수입

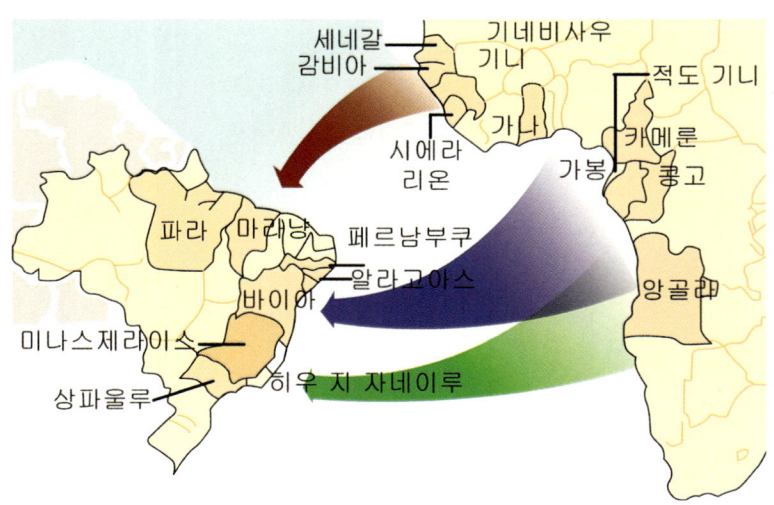

그림 9) 노예 유입경로

된 수단어족(Sudanese)으로, 이들은 요루바와 게게스 그리고 미나스와 판티족 등으로 구성되어 있었다. 이들의 특징은 대체로 키가 크며 영리하고 신체도 건장하여 여타 종족에 비해 좋은 기질을 갖고 있었다. 또한 수단어족은 자신들의 언어를 사용하는 등 가장 진보된 문명을 갖고 있었으며 주로 브라질의 살바도르로 수입되었다. 둘째는 이슬람화된 기네-수단어족으로 풀라스와 만데스, 망딩가족으로 구성되는데 이들 종족은 주로 아프리카 북동부에 살고 있었으며 대부분 브라질 북동부의 바이아 지방으로 수입되었다. 이들은 자유정신이 투철하였으며 이슬람교와 가톨릭이 혼합된 종교를 지니고 있었다. 아프리카인은 브라질로 수입되면서 이미 제설혼합주의적 특성을 지니고 있었다. 마지막으로 앙골라와 콩고 지방의 반투어족(Bantos)을 들 수 있는데, 이들의 송출지는 아프리카 최대 노예 수출항이었던 앙골라의 루안다였으며 주로 브라질의 페르남부쿠와 히우 지 자네이루, 마라냥 그리고 상파울루로 유입되었다.

이와 같이 흑인은 아프리카 대륙의 다양한 지역에서 수입되었으며 브라질 내에서 자신들의 아프리카 출신 부족에 따라 종족적 정체성을 형성했다. 또한 아프리카인은 브라질의 특정한 지역에 집중적으로 거주하면서 자신들의 문화 양식들을 유지할 수 있었으며, 포르투갈 문화와 혼합되면서 독특한 양식을 형성했다. 그러나 시간이 경과하면서 흑인의 정체성은 아프리카 출신과 브라질 태생으로 구분되었다. 식민 경제 변화에 따라 반투족은 미나스제라이스, 상파울루, 북부와 북동부 내륙에서 농업과 금광에 주로 종사했다. 반면, 수단인들은 살바도르, 세르지피, 상루이스, 포르투알레그리와 히우 지 자네이루 같은 도시 지역에 집중되어 있었다. 노예들은 부족 전쟁을 통해 생포된 흑인들이 포함되어 있어 왕, 왕자, 부족의 추장, 성직자와 군인 같은 아프리카의 사회・경제적 상위 계급도 포함되어 있었다.

브라질 노예제는 다른 지역의 노예제와 구별되는 특성을 지니고 있었는데, 주인의 판단과 자신들의 개인적인 능력에 따라 자유를 획득할 수 있었다. 노예 소유주들은 사탕수수 경작으로 많은 부를 축적했을 경우에 노예들 중 일부에게 자유를 주기도 했으며, 노약자, 환자와 장애인들은 경제적 효율성이 낮다는 이유로 방치되는 경우가 많았다. 또한 노예가 구입비용을 변제하면 주인에게 해방을 요구할 수 있었다. 이러한 노예제의 특성에 따라 1639년에 노예들은 자유를 살 수 있는 상호 부조 형태의 흑인 조합을 형성했다. 직접 자유를 구매할 수 있는 것은 비공식적으로 유지되었다. 1880년대 노예법 제정을 통해 자신들의 자유를 살 수 있는 권리가 공식적으로 인정되었지만,

1888년에 노예제가 폐지될 때까지 공식적으로 해방된 경우는 세 번 뿐이었다. 하지만 단발적인 노예 해방이 노예제 폐지를 좀 더 쉽게 했다.

이의 근거에 대하여 탄넨바움은 브라질 노예제에서 자유 흑인이 상대적으로 많았던 것은 노예제가 계약을 통해 이루어졌기 때문이라고 주장했다. 반면, 호베르투 다 마타(Roberto da Matta)는 브라질에서 주인과 노예가 친밀할 수 있었던 것은 브라질 사회가 계층적인 질서를 유지하고 있었기 때문이라고 주장했다. 이와 함께 브라질 노예는 "모든 인간은 평등하다"는 가톨릭 교리 때문에 인간적인 대우를 받았다고 주장되기도 했다. 가톨릭은 선교를 위해 원주민은 보호했지만 흑인들에 대해서는 분명한 태도를 보이지 않은 이중적인 태도를 보였다. 또한 가톨릭은 노예를 사회 계층에 포함시키는 것에 반대했다. 따라서 브라질에서 인종 관계, 특히 백인과 흑인의 관계가 상대적으로 온화했던 것은 포르투갈인의 흑인에 대한 역사적 경험과 식민 경제의 특성에서 비롯된 것으로 볼 수 있다. 흑인들이 자신들의 공동체와 종교 조직을 형성하고 있었던 것에서 알 수 있다. 또한 종교 활동을 통해 자신들의 문화를 보존할 수 있었는데, 주로 특정한 부족을 중심으로 형성되었다. 계속해서 새로운 흑인이 들어왔기 때문에 아프리카 부족의 특성을 유지할 수 있었다.

흑인들의 저항 공간, 킬롬보

식민 기간 브라질에서 가장 일반적인 저항 형태는 킬롬보(Quilombo)

로 도망하는 것이었다. 도망 노예들은 접근하기 어려운 지역에 "모캄부(Mocambos)" 혹은 킬롬보라는 공동체를 형성했다. 라틴아메리카의 다른 지역에도 킬롬보와 같은 도망 노예 정착지가 있었는데 스페인령 아메리카에서는 팔렌케스(Palenques), 쿰베스(Cumbes), 라데이라스(Ladeiras), 맘비세스(Mambises), 영국령 아메리카에서는 마룬(Maroons), 그리고 프랑스령 아메리카에서는 그랑 마롱지(Grand Marronage)라 불리었다. 킬롬보라는 말은 17세기 앙골라에 자리하고 있던 킴분두 킬롬보(Kimbundu Kilombo)에서 유래되었다. 앙골라에서 킬롬보는 남성의 성인식이 이루어지는 곳이며 동시에 남성 군사 조직이었다. 따라서 브라질 킬롬보에 거주하던 초기 흑인은 주로 앙골라 지역에서 유입된 흑인들이며, 특히 앙골라의 임방갈라(Imbangala)에서 비교적 최근에 도착한 흑인들로 구성되었다. 이러한 특성 때문에 흑인 노예들은 킬롬보를 "작은 앙골라(Angola Janga)"로 불렀다. 또한 킬롬보는 흑인들의 출신 지역에 따라 부족적인 정체성이 유지되었으나, 도망 노예가 증가하면서 부족성이 희석되었다.

킬롬보는 브라질로 유입된 흑인들이 아프리카의 생활 방식과 문화를 유지하고 있었던 공동체였다. 즉, 대농장이 식민 사회의 주류를 이루고 있던 유럽인과 유럽 문화를 중심으로 구성된 사회라면 킬롬보는 아프리카인과 아프리카 문화로 구성된 하나의 독립된 사회를 이루고 있었다. 이런 측면에서 킬롬보는 "백인 브라질(Brasil Branco)" 내에 있는 "흑인 브라질(Brasil Negro)"이라 할 수 있다. 킬롬보는 1606년에 페르남부쿠와 알라고아스 주의 사탕수수 농장에서 도망한 노예들이 형성했다. 이후 아마존, 마라냥, 페르남부쿠, 바이아, 세르지피, 마투그로수, 미나스제라이스, 상파울루, 산타카타리나와 히우그란지두술 등 흑인 노예가 있는 브라질 전역에 분포하고 있었다. 이 중 북동부 지역에 형성된 팔마레스 킬롬보(Quilombo de Palmares)가 규모와 식민 사회에 미친 영향력 면에서 가장 강력한 공동체였다. 1630년대 네덜란드가 브라질 북동부를 침입하여 도망 노예들이 증가하면서 이미 노예들에게 잘 알려진 팔마레스로 많은 노예들이 모여들었다.

킬롬보는 대개 100명 이하의 소규모로 구성되어 있었으며 농업과 인근 농장을 습격하여 생계를 유지했다. 대부분은 짧은 기간 유지되었고, 일부 노예들은 다시 체포되어 노예가 되었다. 대농장주들은 도망 노예들을 찾기 위해 수색대를 조직하여 내륙 지방으로 진출했다. 이러한 수색대의 구성원들은 주로 혼혈인들이었으며, 현지 지리에 밝은 원주민과 자유 흑인도 포함되어 있었다. 포르투갈 왕정과 대농장주들은 도망 노예들은 포르투갈 식민자들이 접근하기 어려운 지역에 "모캄부(Mocambos)" 혹은 킬롬보라는 공동체를 형성했다.

북동부 지역에 분포했던 팔마레스 킬롬보는 1695년에 도밍구스 조르지 벨류(Domingos Jorge Velho)가 이끄는 포르투갈 원정대가 킬롬보를 파괴할 때까지 약 70년간 유지되었다. 팔마레스가 파괴된 이후에도 1746년까지 많은 노예들과 원주민들이 킬롬보를 형성하고 거주했다. 포르투갈 왕실은 1740년에 킬롬보를 "도망 노예 5명 이상이 거주하는 모든 거주지"로 정의했다.

팔마레스 킬롬보는 17세기 아프리카에 형성되었던 많은 부족 국가들과 유사한 형태의 흑인 국가였다. 중서부 아프리카 킬롬보와 같은 중앙집권적인 리더십에 따른 정치 체제를 이루고 있었다. 왕은 지방 지도자들의 집회에서 선출되었으며, 공동 관심사도 집회에서 결정되었다. 초대 왕은 "강가 줌바(Ganga Zumba)"였다. 강가 줌바는 킴분두어(Kimbundu)인 "엔강가-이아-엔줌비 (Nganga-ia-Nzumbi)"라는 말이 토착화된 것으로 "정신적 지도자"라는 뜻을 지니고 있었다. 강가 줌바가 죽은 후에는 조카였던 강가 줌비(Ganga-Zumbi)가 승계했는데 "전쟁의 신"이라는 뜻을 지니고 있었다. 줌비는 킬롬보의 마지막 왕이었으며 포르투갈의 공격에 맞서 싸웠다는 측면에서 흑인들의 저항 정신을 상징적으로 대변했다.

그림 10) 줌비 기념비

킬롬보의 사회 구조는 노동에 따라 농민, 수공업자, 군인과 관리인 등 4개 계층으로 구분되어 있었다. 킬롬보의 지도자는 정착지 외부에 농장과 집을 소유하고 있었으며 모캄브를 도망치는 흑인들뿐만 아니라 주술사들을 엄하게 다스렸다. 관리인은 조세를 관리하는 행정 관리인, 법적용과 처벌을 담당하는 법적 관리인과 군대 훈련을 담당하는 군사 행정으로 나누어졌다. 초기 킬롬보어는 여성의 숫자가 소수에 불과했으며 여성들은 주로 바구니와 도자기를 만드는 일에 종사했다. 여성이 군대에 참여하는 경우는 드물었지만 정치 활동에 참여하는 경우도 있었다. 또한 대부분은 숲 속에 고립되어 있었기 때문에 초기 경제 활동은 아프리카와 같이 수렵과 차집 형태였다. 그러나 인구가 증가하면서 농작물을 재배했다. 경제활등이 공동 생산 체제였기 때문에 모두가 생산품의 일부를 소유할 수 있는 권리를 지니고 있었다. 다양한 작물을 재배하여 사탕수수 경작과 환금 작물 재배로 생필품과 식량이 풍족하지 못했던 식민 마을과 교역했다. 주로 팔마레스 인근에 위치한 이포주까, 세링냐엥, 우나, 상미구엘, 포르투 칼부 마을이었다. 주식은 1년에 두 번 수확이 가능한 옥수수였으며 만디오까, 페이자웅(Feijão), 고구마, 사탕수수, 바나나와 다양한 야채들을 재배했다. 그리고 야자수의 일종인 핀도바(Pindoba)를 재배했는데, 여기서 요리에 이용되는 기름을 추출할 수 있었다. 농업 외에 철제 장비, 도자기와 나무를 가공할 수 있는 공장을 운영하기도 했다. 또한 일부 백인들과의 교류를 통해서 무기와 기타 생필품들을 교환하기도 했다. 이러한 무기를 이용해 대농장 침범이 잦아지고, 팔마레스 킬롬보의 경제와 사회가 식민 체제에 위협적인 요소가 되었다.

킬롬보의 종교는 아프리카 신앙과 관습, 가톨릭의 "성모 교회 공동체(Nossa Senhora da Conceição)", "아기 예수(Menino-Jesus)"와 상브라스를 갖추어 복합적인 형태를 띠고 있었다. 왕이 거주하는 마카쿠(Macaco)에는 필요시에 팔마레스의 모든 사람들이 모일 수 있는 예배당이 있었으나 아프리카적인 특성이 강하게 나타났으며 가톨릭적인 특성은 약했다. 이러한 특성 때문에 가톨릭의 종교 행사는 불규칙적으로 이루어졌으며, 가톨릭의 교리가 무시되었다. 팔마레스 킬롬보는 교회 1개, 대장관 4개와 회의실 1개를 중심으로 220개의 가옥으로 구성되었으며 약 20,000명의 도망 노예, 소수의 원주민과 백인이 함께 생활했다. 포르투갈인들이 공격할 경우 도망하기 쉽게 이동 가능한 형태와 공격에 저항할 수 있는 요새 형태 두 가지 형태로 건설되었다.

킬롬보는 아프리카의 가족 제도인 일부다처제가 폭넓게 수용되었다. 강가 줌바는 3명의 아내를 거느리고 있었는데 흑인 여자 2명과 혼혈 여자 1명이었다. 이러한 특성은 서부 아프리카의 임방갈라 킬롬보와 유사한 형태였으나 아프리카 킬롬보에서 나타났던 식인 문화는 나타나지 않았다. 도망 노예들이 형성한 공동체였기 때문에 태생적인 친족의 의무를 지고 있지 않았으며, 포르투갈 군대의 공격을 방어하기 위해 전쟁 사회로 구성되어 있었다. 아프리카 킬롬보에 기초하고 있었지만, 크레올, 물라토, 원주민, 백인들이 함께 생활하면서 다양한 사회 계층을 이루고 있었다. 줌비는 포르투갈 대농장의 딸인 백인 여자와 결혼했는데, 이것은 킬롬보에서 혼혈이 자연스러운 현상이었다는 것을 보여준다.

포르투갈 식민 정부는 1654년에서 1678년 사이 킬롬보를 파괴하기 위해 20차례가 넘는 원정대를 파견했다. 그러나 식민 정착자들 사이에서는 식민지의 평화 정착을 위해서 팔마레스와 평화 협정을 체결하여 무역 관계를 형성해야 한다는 여론이 형성되었다. 그러나 결국 1695년에 팔마레스 킬롬보는 포르투갈 원정대에 의해 파괴되었다.

킬롬보는 브라질에서 흑인 문화가 주체성을 유지하면서 백인 문화와 혼합되는 공간이었다. 사탕수수 농장에서 백인 문화 주도의 문화 접변과는 정반대의 현상을 보였다. 그리고 킬롬보는 브라질 식민 사회에서 문화 접변이 일방적인 패턴으로 이루어지지 않고 상호 균형을 유지하며 이루어졌다는 것을 단적으로 보여주는 예이다. 아프리카 흑인은 식민 사회에서 노예라는 신분 때문에 활동이 제한되어 있었지만 킬롬보를 통해 자신들의 문화를 향유하고 개발할 수 있었다. 또한 킬롬보는 요루바 부족을 중심으로 아프리카의 다양한 부족들이 함께 생활하는 공간으로서 부족적 다양성과 문화적 다양성을 띠었다. 그들은 각 부족의 춤, 종교 의식과 게임을 공유했다. 따라서 정치적 해방 공간일 뿐만 아니라 문화적 해방 공간의 역할도 했다.

식민사회의 도덕적 가치, 예수회

1500년에 카브랄이 브라질에 도착하여 최초로 가톨릭 미사를 가졌다. 그 이후 1549년 총독부임과 함께 예수회 마노엘 다 노브레가(Manoel da Nóbrega) 신부가 브라질에 도착했고, 4년 후에 주제 지 앙시에타(José de Anchieta) 신부가 도착하여 가톨릭이 식민 사회에 뿌리내리기 시작했다. 예수회의 목적은 원주민과 농촌 지역 거주자들을 대상으로 전도 사업을 추진하는 것이었다. 1598년부터 많은 예수회 신부들이 들어와 128년 동안 140개가 넘는 선교지를 건설했다. 예수회가 도착한 초기에는 바이아, 페르남부쿠, 히우 지 자네이루, 상파울루, 상비센치, 이스피리투 산투를 중심으로 선교지가 건설되었는데, 이 지역들은 식민 개척이 활동적으로 이루어지는 곳으로 식민 마을에 거주하는 포르투갈인, 원주민과 흑인들을 대상으로 전도 사업을 추진했다. 예수회가 원주민들에게 적용한 전도 방법은 헤두사웅(Redução)과 선교 마을(Aldeia) 시스템이었다. 헤두사웅은 브라질 식민지에 세운 원주민 공동체로 개종된 원주민들을 보호하며 경작법과 간단한 기술을 가르치는 곳이었으며 식민 정부의 노동력 동원에 즉각적으로 응할 수 있도록 만들었다. 이러한 헤두사웅은 라틴아메리카 대부분의 식민지에 건설되었으며, 레둑시온(Reducción) 혹은 콩그레가시오네스(Congregaciones)라고 불렀다. 이러한 시스템을 통해 백인들은 원주민들에게 노동을 강요했으며, 종교적으로는 원주민을 개종시켜 포르투갈 문화에 동화시키기도 했다. 선교 활동이 토르데시야스 경계선을 넘는 경우가 있었는데 이를 통해 포르투갈의 식민 영토를 확장시키는 데 이바지했다. 그리고 예수회는 식민 사회의 모든 교육

을 담당했다. 예수회가 건립한 바이아, 페르남부쿠, 상파울루와 히우
지 자네이루 등의 학교를 통해 교육이 이루어지긴 했지만 인구의 대
부분은 문맹자들이었다. 다른 한편으로 이러한 교육 시스템을 통해
유럽 문화를 전파했다. 또한 예수회는 엘리트들과 종교적으로 깊은
관계를 맺고 있었을 뿐만 아니라 식민지 문화 활동을 주도했다.

포르투갈인들은 가톨릭교회와 종교적인 교리를 통해 식민지에 문
화를 이식할 수 있었다. 포르투갈인과 예수회 신부들은 브라질에 도
착한 이후 오랫동안 대중적인 언어로 투피과라니(Tupi-Guarani)어를
시용했다. 그것은 인구학적으로 원주민 수가 많았기 때문이었고, 종
교적으로는 예수회가 과라니어를 이용해 가톨릭을 전도했기 때문이
었다. 그러나 포르투갈 왕정은 1757년 원주민 관리법(Diretório de
Índios)을 통해 모든 선교 마을의 원주민들에게 포르투갈어, 유럽의
농업 방식, 무역과 가사를 습득시킬 것을 명령했다. 이런 교육 방법에
적극적이지 않았던 예수회는 1758년에 브라질에서 추방되었다.

또한 예수회는 원주민 보호와 포르투갈인들에게 엄격한 도덕적 기
준을 적용하여 잦은 마찰을 빚었다. 포르투갈의 폼발(Pombal) 재상은
종교적인 이유와 원활한 식민 정책을 추진하기 위해 예수회를 추방
했다. 그러나 예수회 추방은 브라질 내의 모든 가톨릭교회의 추방을
의미하지는 않았다. 식민 기간 브라질에는 도미니크회, 아우구스트
회, 프란시스크회, 베네딕트회, 오라토릭회, 카르멜회, 마케도니아회,
카푸친회 등이 선교 활동을 했었다. 프란시스크회는 히우그란지두노
르치와 알라고아스의 해안 지대에서 주로 선교 활동을 했다. 1586년
에 상비센치, 1589년에 히우 지 자네이루, 1597년에 올린다에 선교지
를 건설했다. 오라토릭회는 이탈리아의 종과로 바이아에 정착하여 전

도 활동을 전개했다. 마케도니아회는 16세기에 도착하여 올린다에 선교지를 건설했으며 원주민 언어를 가르쳤다. 이후 브라질 전역으로 선교지를 확장했다. 프랑스의 카푸친회는 상프란시스쿠 강 내륙에 선교 마을을 건설했다. 따라서 식민지의 가톨릭은 다른 가톨릭 교파에 의해 유지될 수 있었다. 식민자들이 직접적으로 원주민 마을을 파괴함으로써 원주민 문화가 파괴되기도 했지만 예수회 선교 사업과 선교지를 통해 체계적으로 파괴되었다. 예수회 신부들은 원주민과 흑인들에게 가톨릭으로 개종할 것을 강요했으며, 개종한 원주민들은 식민 마을에서 생활할 수 있었지만, 그렇지 못한 원주민들은 식민 마을과 분리되었기 때문에 브라질 사회를 구성하는데 직접적으로 참여할 수 없었다. 다른 한편으로 예수회를 비롯한 선교 마을의 대부분은 식민 정착 마을과 떨어져 있었기 때문에 원주민은 브라질 식민 사회에 통합되지 못했다.

미나스제라이스에서 금밭을 만나다

사탕수수 농장주들은 사탕수수 경작자들과 동일한 사회적 기원을 지니고 있었으나 금융적으로 독립하지 못하고 있어 이들의 미래는 어두웠다. 설탕 가격의 하락으로 농장주들과 제당소 주인들은 수평적으로 통합되었다. 생산 단계는 극소수의 제당소 주인들에 의해 관리되었고, 사탕수수 재배자들은 제당소 주인과 대농장주들과 같은 사회 계층 출신이었으나 경제적인 측면에서 독립정도가 낮았다. 설탕가격이 하락하면서 제당소 주인과 대농장주들은 수평적으로 통합되었다.

이렇게 함으로써 대농장에서 생산되던 사탕수수를 몇몇 제당소 주인들이 과점으로 장악할 수 있었다. 독립적인 사탕수수 재배자들의 경제상황을 더욱 열악하게 되었으며, 결국에는 사탕수수 재배자들의 토지를 매입해 버렸다. 이

그림 11) 광산개발 모습

러한 상황 변화는 브라질 역사에서 사회적인 변화를 유발할 수 있는 가능성을 상실하게 했다. 사탕수수 재배자들은 노예반란을 인정하는 사탕수수 제당소 주인들에게 반대할 수 없었고, 남부지방에서 금이 발견되면서 자유흑인과 노예가 남부지역으로 이동했다. 변화요인들이 사라짐으로써 해안지대의 대토지 소유주들의 권력이 강화되었다. 미나스제라이스에서 금광산이 발견되기 이전에 상파울루와 남부지방에서 사금 채취가 진행되고 있었다.

상파울루인들은 포르투갈 왕실의 간섭을 피하기 위해 자신들이 발견했던 금보다 적은 양을 신고했다. 망치케이라(Mantiqueira) 산맥과 상프란시스쿠 강 사이에서 이루어진 상파울루인들의 금광개발은 1693년과 1695년 사이에 시작되었다. 당시에 금이 가장 많이 발견되었던 곳은 남북으로 뻗어 있는 에스피냐쿠 산맥이었다. 현재 오우루 오루 프레투, 마리아나, 사바라로 알려진 금광지역은 이 산맥의 최남단에 위치해 있었고, 1730년에 다이아몬드는 지아망찌나 인근의 북쪽 지역에서 발견되었다. 상파울루인들은 자신들의 채광지역을 유지하기 위해 포르투갈과 브라질의 다른 지역에서 이주해 온 채광업자들과 경쟁했다. 1709년에서 1710년까지 상프란시스쿠 계곡은 포르투갈 왕실

의 통치가 미치지 않는 무법천지가 되었다. 특히, 상파울루 채광업자들이었던 상파울루 반데이란치스들(Bandeirantes)과 외부에서 유입된 채광업자들이었던 엠보아다스(Emboadas) 간의 충돌이 자주 발생했다. 포르투갈 왕실은 이러한 대립을 안정시키기 위해 직접 개입했으며 엠보아다스 전쟁을 통해 채광지역에 대한 분쟁을 해결하였다. 왕실의 직접적인 통제를 피해 상파울루인들은 새로운 금광을 발견하기 위해 마투그로수와 고이아스 지역으로 이동했다.

이처럼 금광개발이 확대되면서 식민 사회의 무게 중심이 북동부 해안지역에서 남부와 서부지역으로 옮겨지게 되었다. 바이아에 있었던 브라질 부왕청이 히우 지 자네이루로 이전되었다. 식민사회의 인구분포도 북동부 해안 지대에 집중해 있었으나, 금광개발을 위해 남동부 지역으로 이동되었다. 포르투갈 본국에서 이주해 오는 사람들이 금광지역으로 모여들었고, 노예수입 또한 남동부 지역으로 이동했기 때문이었다. 인구분포의 변화는 주앙 안토니우(Andre João Antonil) 신부가 기록한 것에도 잘 나타나 있다. 미나스제라이스에 거주하는 사람이 1709년에는 30,000명에 불과했는데, 다음 10년간 급팽창하여 1735년에는 노예인구만 100,141명에 이르렀고, 1782년에는 전체인구가 319,769명으로 증가했다. 이 중 흑인이 166,995명이었고 물라토가 82,110명이었으며, 백인이 70,664명이었다. 당시 브라질 전체인구가 1,555,200명이었던 것을 고려하면 전체의 20.5%가 금광지역에 집중된 것이었다. 전체적인 인구가 증가했지만 여전히 남·여 비율은 크게 변하지 않아 남성이 절대다수를 차지했다.

초기 식민사회 구성원들은 대부분이 남자들로 구성되었다. 남자들은 법률을 준수하지는 않았지만 자신들 나름의 규율을 지니고 있었다. 특히, 이들은 아프리카 노예들을 다루는 데 있어 잔인하고 폭력적이었다. 아프리카 노예들은 백인 남자들의 횡포를 피해 킬롬보로 도망갔으나 백인들의 추적에서 벗어날 수는 없었다.

1710년까지 고기, 옥수수, 밀가루와 술 등의 상품들이 귀하여 가격이 상승했고 소금 가격이 금 가격의 절반 정도로 거래되었다. 18세기 말 미나스제라이스의 도시들은 다층구조의 집, 가게, 바로크와 로코코식 교회로 아름답게 꾸며졌으며, 대규모의 공공건물들이 건축되었다. 시인과 음악가들이 문화 활동에 생기를 불어넣었다. 대부분이 물라토인 약 3,000명의 음악가들이 바로크식의 작품들을 연주했고 알레이자징뉴(O Aleijadinho)로 알려진 건축가인 안토니우 프란시스쿠 리스보아(Antonio Francisco Lisboa)가 교회를 건설했고, 마누엘 다 코스타 아타이지(Manuel da Costa Ataide)가 교회 천장에 그림을 그렸다.

상파울루와 파라치의 육상통로가 히우 지 자네이루와 연결되는 교통을 대체했다. 새로운 부왕청은 아프리카 노예와 유럽 상인들을 미나스제라이스로 보냈고, 그들이 보내온 많은 금과 다이아몬드를 리스본으로 보냈다. 히우 지 자네이루는 산타카타리나와 히우그란지 지상 페드루에 새로운 봉토를 건설할 물품을 제공하는 전진기지로 활용되었다. 두 봉토를 건설하여 식량을 공급하던 히우그란지두술의 상품을 상파울루의 소로코바를 연결하는 운송 수단을 통해 소비시장인 상파울루와 미나스제라이스를 연결하고자 했다.

대목장은 설탕산업의 부산물로 북동부 내륙과 예수회 선교지가 있던 남부에서 발전했다. 18세기에 목축업은 사탕수수 재배지와 금광 개발 지역에서 증가하고 있는 식량 자원을 담당하면서 식민 경제에서 중요한 부분으로 성장했다. 목축업이 빠르게 성장하면서 국경이 내륙 지역과 남부 지역으로 이동했다. 마라냥 내륙에서 피아우이, 세아라, 페르남부쿠와 바이아를 거쳐 남부로 확대되었으며, 서쪽으로는 고이아스 지방까지 확장되었고, 남부는 히우그란지두술 지방까지 뻗어 나갔다. 히우그란지두술 지방은 아르헨티나, 우루과이와 파라과이와 함께 팜파스 지대에 위치해 목축업이 발달할 수 있는 천혜 조건을 갖추고 있었다. 말이, 가축을 돌볼 수 있는 수단으로, 운송 수단으로 브라질인들의 생활에서 점점 중요해졌다. 대부분의 목동들은 원주민, 메스티소, 아프리카 노예와 물라토들이었다. 북부와 중앙부에서는 노예와 자유인들이 가끔 몇 달 동안 감시를 받지 않고 함께 일했다. 남부에서는 목축문화(Gaucho Culture), 혼혈토착인, 스페인인들과 포르투갈인들의 혈통과 전통이 리오 델 라 플라타에서 히우그란지두술에 이르는 팜파지역에 확산되었다.

비록 금광산이 설탕 산업을 쇠퇴시키고 목축산업을 촉진했지만 모든 수출 농업을 대체하지는 못했다. 18세기에도 여전히 사탕수수 산업이 중요한 부분을 차지하고 있었다. 금광이 개발되면서 포르투갈은 오히려 산업 발전을 저해하는 결과를 초래했다. 식민지에서 많은 금이 생산되면서 일상 용품을 비롯한 상품들을 자국에서 생산하지 않고 외국 수입품에 의존하면서 전체적으로 물가가 상승하는 결과를 낳았다. 이런 물품 품귀현상이 발생하자 뒤늦게 산업 생산을 늘릴 목적으로 제조업 부분에 대한 투자를 확대했지만 큰 성공을 거두지 못했다. 1703년에 포르투갈은 영국과의 무역에서 양모에 대해 특혜를 부여하고, 대신에 포르투갈산 포도주에 대한 특혜관세를 서로 인정하는 메드윈 조약(Methuen Treaty)을 체결했다. 이 조약으로 포르투갈은 산업 발전의 기회를 상실했으며, 포르투갈의 브라질 금이 해외로 유출되는 계기가 되었다. 또한 영국이 포르투갈과 브라질의 무역권을 장악하는 빌미를 제공했다. 리스본의 왕립 금고에 도착한 금으로 수입 의류와 제조품 비용을 지불하면서 자연스럽게 영국으로 빠져나갔다. 관세 특혜 조약으로 국내 생산업자들은 값싼 영국의 제조품과 경쟁할 수 없었다. 더욱이 영국 함대는 이베리아 반도에서 금을 날치기 하기 위해 테주 강에 정박해 있었다. 금이 포르투갈의 발전에 이용되지 않고 영국의 산업혁명의 재원으로 사용되는 연결고리가 만들어진 것이다.

브라질에서 생산된 금은 포르투갈과 영국으로 빠져나갔고, 정작 광산지역에서는 분수대, 다리, 건축물과 교회와 같은 공공건물을 신축하는 데만 주로 사용되었다. 포르투갈 본국으로 보내진 금이 지배계층의 소비상품을 구매하는 데 쓰인 것과 비교하면 오히려 발전적인 방향으로 사용되었다고 할 수 있었다. 브라질에 남은 일부 재원은 자선시설을 만들고, 페루와 리오 델 라 플라타의 밀무역을 관리하는 데 사용되었으나, 빈민층의 생활조건은 개선되지 않았다.

1732년에 해외식민지 위원회의 위원이었던 안토니우 호드리게스 다 코스타(Antonio Rodrigues da Costa)는 무거운 식민지 세금이 식민지인들의 반발을 사게 될 것이라고 왕에게 경고했다. 1738년에는 왕의 조언자인 동 루이스 다 쿠냐(Dom Luis da Cunha)가 비밀리에 주앙 5세(João V)에게 당신은 "낭비 황제"라는 오명을 받고 있다고 일러주며 포르투갈의 해상과 무역을 더 효과적으로 통제할 수 있는 히우 지 자네이루로 천도할 것을 제안했다. 이러한 충고를 받아들인 왕은 18세기 중반에 식민지에 대한 통제력을 강화하고, 금의 대량 유출을 막으면서 영국의 시장 장악을 견제하려고 했다.

포르투갈의 위상을 높인 폼발

1755년에 폼발 재상은 브라질 무역을 독점하고 산업발전을 촉진하여 영국과의 종속적인 무역관계를 상호 의존적인 관계로 전환시키는 것을 내용으로 하는 개혁안을 제안했다. 그의 목표는 영국과의 굴욕적인 관계를 정상화시키고, 경제위기와 정치위기에 직면해 있는 국가 기능을 회생시키는 것이었다. 모든 외국 선박에 대해 브라질 항구를 폐쇄하고, 브라질을 방어하기 위해 외국 용병을 고용했다. 또한 농업 성장을 장려하기 위해 커피와 뽕나무와 같은 나무를 분배했으며 인디고, 아마, 면화, 코코아, 쌀 등의 작물 생산을 지원했다. 철광산과 용광로를 상파울루에서 운영했으며, 바이아와 히우 지 자네이루에서 선박 건조와 부대시설들을 마련했다. 포르투갈은 영국이 7년(1756~1963) 전쟁 동안 아바나와 마닐라를 점령하자, 히우 지 자네이루가 점령되지 않을까 염려했다.

폼발은 리스본 대지진에 대해 예수회 신부들이 내놓은 해석으로 남아메리카에서 활동하고 있는 예수회 활동에 대해 의구심을 가지고 있었다. 여기에 영국과 예수회가 직접 무역을 하고 있다고 판단하여 1759년 9월에 예수회를 추방했다. 예수회가 추방되면서 직접적으로는 그동안 구축되어 있던 선교지들이 관리 소홀로 방치되었다. 그리고 식민 사회를 지탱하고 있던 기본적인 교육 시스템이 붕괴되었다.

식민지 교육정책은 식민지와 본국 엘리트들이 왕정을 지탱하는 이데올로기로 통합되어야 한다는 사상에 기초하고 있었다. 당시 브라질인 약 3,000명이 포르투갈의 코잉브라 대학에서 수학했다. 그중에서도 미나스제라이스 출신들이 1772년에서 1785년 사이에만 약 300명이 수학했는데, 이 지역이 광산 개발로 경제성장을 바탕으로 문화적인 발전을 함께하고 있었음을 단적으로 보여준다. 본국에서 잘 교육받은 엘리트들은 식민 행정에서 사법, 군사 부서에 임명되어 본국의 정책들이 식민지에서 효율적으로 적용될 수 있도록 했다.

한편, 1750년경에는 금 생산이 감소하기 시작했으며, 유럽의 국제적 상황도 더욱 복잡해졌다. 포르투갈인들은 실질적인 무역에서 점점 배제되어 금과 다이아몬드 밀매를 통제할 수 있는 능력을 상실했다. 약 20년 후 포르투갈 왕실로 귀속되는 금의 양이 점점 적어지면서 세수를 충당하기 위해 인두세를 부과했다. 영국, 프랑스와 네덜란드가 카리부 식민지에서 생산한 설탕을 유럽 시장에 내놓으면서 암스테르담 시장에서 브라질 설탕 가격이 하락했다. 포르투갈은 설탕가격 하락으로 전체적인 수입이 줄었을 뿐만 아니라 수출을 통한 세입도 줄어들어 이중적인 부담을 안게 되었다. 더욱이 금광개발이 더 이상 성장하지 않자 브라질인들이 리오 델 라 플라타 지역의 밀무역에 깊숙이 관여하게 되었다. 이곳에서는 브라질의 금과 안데스 지역의 은이 교환되고 있었는데, 브라질인들은 금과 바꾼 은으로 스페인인들이 수입해서 판매하는 영국 상품을 구입했다.

이런 변화는 브라질 내 예수회 선교지가 파괴되고 1776년에 리오 델 라 플라타의 스페인 부왕청이 설치되면서 더욱 확대되었다. 특히, 스페인과 부에노스아이레스 간의 직접 무역이 이루어지면서 밀무역의 수익이 감소하기도 했다. 부왕청이 설치되면서 남부지방에서 스페인의 영향력이 증가하여 영국으로부터의 직접적인 무역이 감소했다.

그럼에도 불구하고 포르투갈 왕실 재정이 나빠지면서 브라질 남부 국경지역을 수비대를 파견하는 데도 어려움을 겪었다. 전체적으로 브라질에서 세수입이 감소하면서 포르투갈 왕실의 재정이 극도로 악화되었다.

포르투갈 왕실의 감시가 소홀해지자 식민지에서 금지되었던 제조 공장들이 하나둘씩 문을 열기 시작했다. 그중에서도 식민지 경제를 좌우하고 있던 미나스제라이스의 대토지 소유자들은 목화, 아마포, 양모 등을 생산할 수 있는 시설을 갖추었다. 당시까지 포르투갈 왕실에 귀속되지 않았던 봉토들은 상대적으로 더 자유로웠기 때문에 포르투갈에서 수입되는 물품들을 이미 생산하고 있었다.

폼발의 계승자였던 마르팅뉴 지 멜루 이 카스트루(Martinho de Melo e Castro)는 브라질 공장들이 식민지의 독립을 주장하는 경제적 토대가 될 것이며, 브라질 없는 포르투갈은 식민지 경쟁에서 힘없는 국가로 전락하게 될 것이라고 경고했다. 이런 우려를 반영하여 1785년 1월에 그는 브라질의 모든 공장들을 폐쇄할 것을 명령했다. 사실 독립의 분위기는 식민지보다는 유럽 내에서 움트고 있었다. 유럽은 이미 프랑스 혁명으로 자유주의 사상이 전파되어 있었고, 포르투갈 왕실이 신사상의 확산을 저지하고 있었지만 여러 통로를 통해 이미 포르투갈 내로 들어온 후였다.

그의 같은 시기에 코잉브라 대학에서 유학하고 있던 브라질 학생들이 독립을 쟁취할 것을 서약했다. 그들은 미국이 영국의 식민지로부터 독립한 것에 고무되어 있었다. 1786년과 1787년에 코잉브라에서 의학을 공부하고 식민지 관계를 비판하던 주제 조아킹 마이아 이 바르발류(Jose Joaquim Maia e Barbalho)가 프랑스에 파견된 미국 대사인 토마스 제퍼슨(Thomas Jefferson)을 만났다. 그는 제퍼슨에게 학생들이 포르투갈과의 관계를 단절하고 미국의 지원을 받기를 원한다고 전했다. 미국의 지원을 받아 독립하려는 움직임에는 꼬잉브라에 유학 중이던 주제 보니파시우 지 안드라다 이 실바(José Bonifácio de Andrada e Silva)가 포함되어 있었다. 주제 보니파시우는 동 페드루 1세가 독립을 주장하는 데 결정적인 역할을 하고 브라질 독립의 아버지라는 칭호를 받게 된다.

미나스제라이스의 반란

1789년의 미나스제라이스의 반란에는 세금징수원, 성직자, 군장교, 정부관료, 광산소유자와 대토지 소유차 등 다양한 사회계층들이 포함되어 있었다. 이들 중 몇 명은 포르투갈에서 태어났으며 어렸을 때 예수회 교육을 받았고, 성장해서는 코잉브라 대학에서 교육을 받았다.

또한 대부분이 포르투갈 왕정의 과중한 조세부과로 재정적인 문제를 안고 있었으며 이 문제를 해결하기 위해 밀무역에 종사하고 있었다. 반란 주동자들은 브라질의 생존과 번영에 필요한 것들을 브라질 인들이 소유할 것, 왕정의 부채를 탕감해 줄 것, 브라질에서 태어난 노예 해방, 미국과 유사한 히우와 상파울루의 연방 국가로 독립할 것을 주장했다. 사실 이미 포르투갈이 금지하고 있던 광산 개발 제한 규정을 어겼고, 철광석을 채취하여 제련할 수 있는 공장을 운영하고 있었다. 또한 대학을 설립했고 시민군과 의회를 구성했다.

미나스 반란은 본명이 조아낑 주제 다 실바 사비에르(Joaquim José

그림 12) 치라덴치스

da Silva Xavier)인 치라덴치스(Tiradentes)를 포함한 6명이 주도했다. 치라덴치스는 1792년 4월 21일에 참형에 처해져 머리는 오루프레투의 시내 광장에 매달렸으며, 몸은 사지가 찢겨 시내 곳곳에 전시되었다. 나머지 5명은 앙골라에 있는 감옥으로 보내졌다. 미나스 반란은 다음과 같은 특성을 지니고 있었다. 첫째, 식민지 엘리트들이 미국 혁명과 프랑스 혁명에서 영향을 받아 일으킨 운동이었다. 포르투갈에서 공부한 유학생들이 귀국하면서 유럽의 상황과 미국의 독립을 알리고 브라질에도 독립의 필요성을 주장했다. 둘째, 미나스 반란은 포르투갈의 계속되는 통제에 저항하는 엘리트들의 분노를 표출한 것이었다. 그동안 식민지 엘리트들은 포르투갈 왕실의 작위를 받고 있기는 했지만 본국에서 파견된 귀족과는 차별대우를 받았다. 셋째, 본국과 식민지 간의 심각한 경제적 격차를 반영하는 것이었다. 이 때부터 브라질의 생산능력이 포르투갈을 압도하고 있어 식민지 경제활동이 본국의 경제를 결정지을 정도로 브라질의 경제규모가 성장했다. 넷째, 포르투갈 왕실이 활동하고 있던 불특정한 적에게 법을 지나치게 엄격하게 적용한 것에 대한 저항이었다. 브라질 내의 상황을 반영하지 않고 본국에서 결정된 정책들이 실시되면서 불만이 누적되었다. 다섯째, 포르투갈 왕실이 세금을 증액하면서 혁명과 모반에 유리한 환경을 형성했다. 재정위기에 직면한 포르투갈 왕실은 위기극복을 위해 세금징수를 확대했는데, 이것이 식민지 엘리트들의 반감을 사는 결정적인 이유였다. 여섯째, 이 반란은 엘리트 사회 내에서 이루어졌다. 실질적인 반란의 주동자들이 포르투갈 유학생들과 엘리트들로 구성되어 있었다. 때문에 식민지 사회에서 소외된 계층의 불만이 표출되지는 않았다. 그럼에도 불구하고 포르투갈의 지배와 식민정책에 대한 저항 운동이었기 때문에 브라질 최초의 독립운동으로 여겨진다.

사실 미나스 반란은 브라질 독립 이후 왕정이 수립되면서 올바른 평가를 받지 못했다. 결국 1889년에 공화국이 수립되면서 독립운동으로 인정받았으며, 독립운동의 선구자였던 치라덴치스를 기리기 위해 브라질의 모든 도시와 마을에 치라덴치스 광장이 건설되었고 그가 사형집행을 당한 4월 21일이 국경일로 지정되었다.

이 사건으로 인해 포르투갈 왕실이 브라질을 좀 더 주의 깊게 관찰하게 되었고 독립운동을 강력하게 저지했다. 그러나 1794년에 히우에서 독립운동이 기획되었고 1798년에는 바이아의 살바도르에서 브라질 최초의 사회 혁명이 발생했다. 이 반란은 수공업자, 군인, 소작인과 학교 선생님들이 주도했는데 이들은 대부분이 물라토였으며 식민 사회의 무산자였다. 1798년 8월부터 벽이나 공공장소에 포르투갈의 지배 종식, 노예제 폐지, 모든 시민의 평등권을 요구하는 글을 남겼다. 이들이 주장하는 정부형태는 민주적이고 자유로운 독립 국가였다. 그러나 총독이 반란 움직임을 포착하여 47명을 체포했는데 9명이 노예였다. 주동자들은 치라덴치스와 같이 참형을 당했으며 시체가 공공장소에 전시되었다. 나머지 관련자들은 체포되어 아프리카 해안으로 보내졌다. 식민 후반 브라질 사회에서 물라토들의 사회적, 정치적 지위를 반영하는 것이었다. 브라질에서는 포르투갈인들이 도착한 이후 높은 비율로 인종적 혼혈이 이루어졌다. 백인 인구의 부족, 영토의 방대함과 대규모의 아프리카 흑인 노예의 수입이 물라토들의 사회 · 경제적 활동 영역을 확대시켰다.

그러는 동안 1793년에 아이티 혁명이 발발하여 프랑스인들을 추방하고 흑인들이 권력을 장악했다. 이 사건을 계기로 아메리카의 노예제 국가들은 동일한 사건이 자국에 발생하지 않을까 많이 두려워했다. 특히, 브라질에서는 이미 오래전에 이러한 징조가 나타나고 있었기 때문에 노예반란이 브라질에도 발생할 것을 두려워했다. 이와 함께 포르투갈과 브라질 간의 긴장은 1790년대에 지속되었다.

포르투갈 왕정의 히우 천도

유럽에서 나폴레옹 전쟁이 확대되면서 포르투갈 왕실에는 왕정을 안전한 브라질로 옮겨야 한다는 의견이 제기되었다. 1738년에 동 루이스 다 쿠냐가 제안했던 히우 지 자네이루 천도는 1807년 11월에 프랑스 군대가 리스본으로 접근해 오면서 더 힘을 얻게 되었다. 1301년에 영국은 포르투갈이 프랑스의 침입을 받을 경우에 대비하여 왕정을 브라질로 이전할 것을 추천했으며, 남아메리카에서 포르투갈 영토의 확장과 강화를 지원하고 항해를 보호해 줄 것을 약속했다. 1803년에도 포르투갈 왕정은 영국과 프랑스의 전쟁에 개입하면서 히우 천도를 고려했었다.

당시 포르투갈은 마리아 1세(Maria I) 왕정기였으나 파리에서 발생한 국왕시해 사건으로 공포에 떨고 있던 그녀가 정신병을 앓고 있었기 때문에 그의 아들이었던 동 주앙(Dom João)이 섭정을 맡고 있었다. 동 주앙의 부인은 스페인의 공주인 도나 카를로타 호아키나

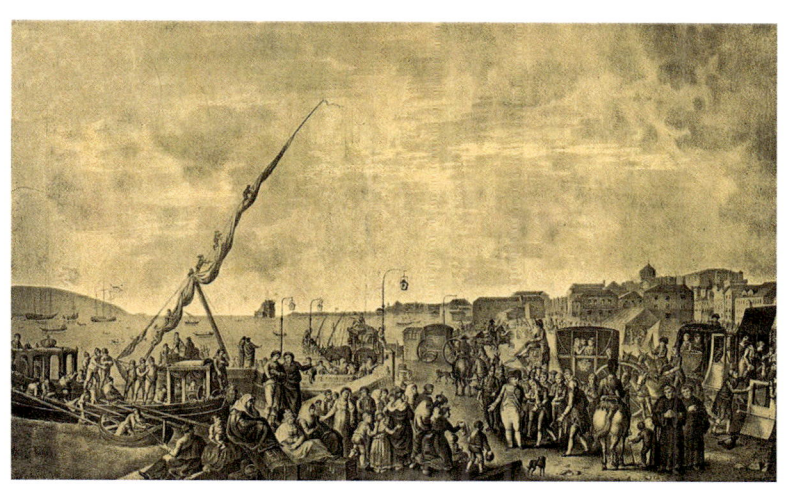

그림 13) 포르투갈 왕실의 천도

(Carlota Joaquina)였는데 이미 9명의 아이들이 있었다. 이들 중 한 명이 브라질의 동 페드루 1세가 되는 페드루 지 알칸트라 지 브라간사이 부르봉(Pedro de Alcantara de Braganca e Bourbon)이었다.

동 주앙은 1807년 11월 26일에 히우로 천도할 것을 공표했다. 사실 1807년 10월 17일에 퐁텐블로(Tratado de Fortaineblea) 조약 이후 포르투갈 왕실의 천도는 피할 수 없는 것이었다. 히우 천도를 결정한 포르투갈 왕실은 왕실 전체와 1만 명이 넘는 조신들과 함께 46척의 배에 나누어 타고 1807년 11월 27일에 리스본 항구를 출발했다. 그러나 다음 날인 28일까지 귀족들이 자신들의 가신들을 태우기 위해 머뭇거리면서 하루가 지연되었고, 다시 날씨가 좋지 않아 24시간을 기다린 후 1807년 11월 29일 아침에서야 리스본 항을 떠날 수 있었다. 떠날 때 전체 국고의 절반인 8천만 크루자두를 가지고 갔다. 그러나 두고 간 나머지 절반 중에서 7천만 크루자두는 프랑스의 나폴레옹을 진정시키는 데 사용하여 리스본에는 1천만 크루자두만 남겨두게 되었다.

당시 2개월 이상 걸리는 장거리 항해를 한다는 것은 왕실 전체가 사라질 수 있는 위험성을 안는 것이었다. 포르투갈 왕실을 실은 배는 브라질로 향하는 동안 폭풍을 만나 2개의 선단으로 나뉘어졌다. 동 주앙이 승선했던 배가 1808년 1월 22일에 바이아의 살바도르에 도착했다. 살바도르인들은 살바도르가 다시 브라질의 수도가 될 것이라는 기대에 부풀었다. 그러나 동 주앙이 2월에 히우로 출발하면서 히우가 브라질의 수도가 되었을 뿐만 아니라 포르투갈과 알가르브의 행정중심지가 되었다.

동 주앙은 브라질에 도착한 이후 영국의 상선들이 자유롭게 드나들 수 있도록 항구를 개방했다. 리스본을 대체하여 히우 지 자네이루를 중앙집권화된 시스템으로 구축했다. 브라질 엘리트들에게 포르투갈 왕실 천도는 사회질서를 붕괴시키지 않는 보수적인 정치변화를 의미하는 것이었다. 왕정과 밀접한 관계를 유지하고 있던 브라질 엘리트들은 명성과 직위를 얻었을 수 있었을 뿐만 아니라 부를 축적할 수 있었다. 그러나 엘리트들은 왕정이 자신들의 가까이에서 업무처리에 대해 파악하고 간섭하면서 불만을 가지게 되었다.

포르투갈의 브라간사 왕조는 영국과 긴밀한 관계를 유지하고 있었다. 영국은 왕가와 15,000명의 조신들을 보호해 주었을 뿐만 아니라 1809년에 왕정을 유지하는 경비 300만 달러를 빌려 주기도 했다. 또한 영국은 프랑스로부터 포르투갈을 해방시켰으며, 포르투갈 군대를 재조직했다. 더욱이 영국군대의 장군이 리스본을 섭정했다. 또한 1810년에 동 주앙은 영국에게 무역특혜와 세력권을 인정했을 뿐 아니라 아프리카 노예무역 폐지를 약속했다.

왕정은 리스본의 정부조직을 그대로 히우에 다시 설립했다. 그리고 최고군사위원회(Conselho Militar Superior), 국고, 무역, 농업과 산업 기관, 상소법원, 왕립 출판·신문, 브라질 은행 등을 설치했다. 또한 바이아와 히우에 의학학교를 설립했으며, 히우에 미술학교, 국립역사박물관, 공공도서관, 식물원을 설립했다. 식물원에는 동양에서 가져온 식물들도 심어졌는데 이 식물들을 관리하기 위해 중국인들을 데려오기도 했다. 그리고 미나스제라이스의 오루프레투와 파라카투에는 특화된 교육시설을 마련했다. 대부분의 함대는 포르투갈에서 이전해 왔지만, 새로운 군대를 조직했으며 해근과 육군 사관학교를 설립하고 병기창을 설치했다. 군사력 증강과 능기구 제조를 위해 화약공장과 제철소를 설립하고 히우의 치안을 유지하기 위해 왕립경찰수비대를 조직했다. 그리고 브라질을 유럽의 여행자, 자연주의자, 과학자, 예술가들에게 개방했다.

왕실이 떠난 4년 후인 1811년에 영국이 포르투갈을 프랑스로부터 해방시켰지만 여전히 브라질에 머물렀고, 본국은 영국인들이 지배하다시피 했다. 1815년에 왕실은 브라질을 포르투갈과 동등한 왕국으로 인정했으며 1816년에 마리아 1세가 사망하면서 동 주앙이 왕이 되었다. 왕실은 두 명의 공주가 스페인의 페르난도 7세(Fernando VII)와 그의 동생과 결혼하고, 동 페드루 왕자가 오스트리아의 프란즈 1세(Franz I)의 딸인 레오폴디나(Leopoldina)와 결혼하면서 포르투갈로의 귀환 가능성이 높아졌다. 1818년에는 포르투갈, 브라질과 알가르브의 왕임을 공포하고 포르투갈, 브라질과 알가르브 연방왕국임을 선언했다.

포르투갈 · 브라질 제국

브라질에 투자하고 있던 포르투갈의 기업가들, 자신의 집을 짓는 데 많은 경비를 지출했던 귀족과 공무원들 그리고 브라질의 부자들과 결혼한 사람들은 포르투갈 왕정이 브라질에 남기를 바랐다. 이에 따라 포르투갈과 브라질은 두 개의 왕국으로 각각 독립적으로 운영되었다.

히우의 권력 집중은 북동부로부터 많은 저항을 받았다. 페르남부쿠에서 1817년에 공화반란이 발생하여 파라이바 북부, 히우그란지두노르치와 세아라 남부로 확대되었다. 이들은 브라질의 독립을 주장하는 민족주의적인 의식 없이 지역의 이익을 방어하는 데 초점을 두고 있었다. 1808년에는 북동부에 정착한 포르투갈인들과 히우에 자신들의 자치권을 상실한 것에 대해 분개하고 있었다. 이들이 영국과 미국으로부터 인정받기 위해 대표단을 보내고 바이아로 반란을 확대시켰지만 남부와 중부 브라질로 대표단을 파견하지는 않았다. 반란은 잔인하게 진압되어 성공하지는 못했지만 페르남부쿠 혁명은 왕정의 권위를 위협하고 왕정이 붕괴될 수 있다는 것을 의미했다. 왕정은 필사적으로 비밀결사 조직을 금지시켰고, 포르투갈로부터 새로운 군대를 파견해 히우, 살바도르와 헤시피를 장악했다.

그러는 동안 왕정은 리오 델 라 플라타에서 전쟁을 계획했다. 동 주앙은 현재의 우루과이인 반다 오리엔탈(Banda Oriental) 지역을 브라질의 적절한 국경선으로 간주했다. 영국의 반대에도 불구하고 동 주앙은 몬테비데오를 점령하기 위해 포르투갈에서 군대를 데려와 우루과이 독립의 아버지인 호세 헤르바시오 아르티가스(José Gervasio

Artigas)의 독립군과 1816년에서 1820년까지 싸웠다. 이 지역은 1821년에 시스플라티나(Cisplatina) 지방으로 포르투갈에 병합되었다. 그럼에도 불구하고 히우의 연방왕정은 포르투갈로부터 직접적인 압력을 받기 시작했다.

포르투갈에서는 군 장교들이 영국제독 윌리엄 카 비스포드(William Carr Beresford)에 저항할 음모를 꾸몄다. 장군들이 포함된 12명의 주동자들은 비밀리에 체포되어 사형당했는데, 이를 계기로 반영(反英) 감정이 더욱 깊어졌다. 스페인에서는 혁명이 발생하여 페르난도 7세에게 절대왕정체제를 1812년 자유헌법에 따른 자유주의 정부로 되돌릴 것을 요구했다. 스페인에서 입헌주의 운동이 활발하게 진행되는 동안 포르투갈에서는 군대를 조직하여 영국군대를 몰아내고 혁명위원회를 조직하려고 했으나 실패했는데, 1820년에 포르투에서 자유혁명(Revolução Liberal)이 발생했다. 자유혁명의 중요한 목적 중의 하나는 영국군을 추방하고 절대주의 왕권을 몰아내고 자유주의 정부를 수립하는 것이었다. 또 하나 중요한 원인은 열악한 경제 상황이었다. 왕실이 히우로 천도한 이후 브라질에서 생산되는 대부분의 자원이 본국으로 송금되지 않고 식민지에서 소진되었다. 따라서 포르투갈 본국의 경제상황은 악화될 수밖에 없었다. 자유혁명은 동 주앙 6세가 브라질에서 실시한 많은 정책들이 작금의 상황을 만들었다고 평가하고 포르투갈 왕실의 귀환과 브라질에서 실시되고 있는 많은 정책들의 중지를 요구했다. 포르투갈이 처해 있는 상황을 극복하기 위해 왕권을 축소하는 자유헌법을 제정하고 전국에서 선출된 의원으로 구성되는 궁정회의를 소집할 것을 요구했다. 당시 포르투갈 궁정회의는 181명으로 구성되었는데 브라질에 77석을 배정했다. 궁정회의를 장악하고 있던 혁명위원회가 동 주앙 6세의 귀환을 요구했다.

동 주앙은 불법적으로 궁정회의를 소집한 위원회를 묵인하고 연방형의 왕정 통치를 인정했다. 1821년 1월에 포르투갈 왕정 직원과 군대, 브라질의 자유주의자들이 바이아와 벨렝에서 지방정부를 장악했고, 2월 말에는 히우에서 궁정회의가 제안한 헌법을 왕이 수용할 것을 압박하는 군대의 움직임이 포착되었다. 며칠 후에 왕은 포르투갈로 귀환하며 24세였던 아들인 동 페드루가 브라질을 섭정한다는 왕령이 공포되었다. 브라질에서는 포르투갈 왕실 귀환에 대해 입장이 두 가지로 나뉘어졌다. 고위 장군들과 상인들은 브라질이 다시 포르투갈 본국의 지배를 받게 될 경우 발생하는 군사 · 경제적 이익을 확보할 수 있기 때문에 귀환을 찬성했다. 그러나 대농장주, 브라질 태생의 왕실 관료와 자신을 브라질인들로 인식하고 있던 일부 포르투갈인들은 반대했다. 그럼에도 불구하고 자신의 왕권 상실을 두려워했던 동 주앙 6세는 귀환하기로 결정했고 아들인 동 페드루에게 포르투갈과 브라질 간에 분쟁이 발생할 경우 브라질을 선택할 것을 당부했다. 포르투갈 왕실의 귀환으로 궁정회의는 다시 브라질을 식민지로 만드는 정책을 적극적으로 추진했는데 그중 하나가 브라질을 몇 개의 지역 단위로 나누어 관리하는 것이었다. 그러나 브라질 엘리트들의 반발로 시행되지는 않았다.

1821년 4월 25일에 왕과 왕비, 4,000명의 직원, 외교관과 가족뿐만 아니라 브라질 은행의 자금과 보석을 실은 12척의 배가 리스본으로 향했다. 왕은 귀환했지만, 브라질은 13년 전의 모습이 아니었다. 동 주앙이 실시한 연구, 조사와 탐험으로 자원 채취가 한층 빠르게 진행되었고, 미국의 산업자본주의와 유사한 형태로 발전하기 시작했다.

더욱이 주앙 6세와 카를로타는 절대왕정체제를 유지하려고 했지만, 동 페드루는 자유주의적 헌정사상에 입각하여 왕정을 운영하려고 했기 때문에 훨씬 개방적이었다. 동 주앙이 히우에 거주하는 13년 동안 국제무역은 과나바라 만에 정박하는 외국선박의 숫자만큼이나 증가했는데, 1808년에 90척에 불과했던 것이 1820년에는 354척으로 증가했으며, 당시 히우에는 3,000명의 외국인이 거주하고 있었다. 커피재배는 히우 지역에서 시작되어 세하 드 마르를 넘어 상파울루 지역까지 확장되었다. 상파울루에서 커피증제주기가 시작되었으나 1821년까지는 커피를 운송하는 당나귀와 말을 제공하는 역할을 담당했다. 시스플라티나와 히우그란지두술에서는 마른고기, 고기기름과 가죽을 외국으로 수출했다. 반면 북동부와 북부는 1815년에 브라질과 영국이 적도 이북에서의 아프리카 노예무역을 금지하는 조약을 체결하면서 쇠퇴하기 시작했다. 또한 바이아의 담배 수요가 감소했고, 설탕은 미국과 유럽 시장에서 쿠바와 경쟁하게 되었다. 목화의 경우에는 1812년 이후 미국 남부에서 생산이 증가하면서 수요가 감소했다. 견과류, 코코아, 가죽, 향료, 고무에 대한 세계 수요는 1821년까지는 그렇게 많지 않았다. 브라질 서부에서는 금광개발이 거의 끝나가고 있었고 대신에 농업과 목축이 주요 산업으로 성장했다. 브라질 노동력의 대부분은 아프리카에서 유입된 노예와 브라질에서 태어난 노예가 담당하고 있었다.

4. 브라질의 독립과 왕정체제

독립을 위한 전주곡

동 페드루는 자신의 임금을 줄이고, 분산된 왕정기구들을 중앙집권화했으며 왕실 소유의 말과 당나귀를 팔아 검소하게 통치했다. 그는 가죽과 마른고기 생산을 촉진하기 위해 왕실의 소금세를 폐지했고, 사유재산의 독단적인 몰수를 금지시키고, 체포영장제를 도입하고, 고문과 비밀공판을 금지했다. 또한 포르투갈

그림 14) 동 페드루 1세

의 궁정회의에 선출된 의원들을 파견했다. 그러나 자신이 노예들과 같은 피를 가졌다고 주장했음에도 불구하고 노예의 판매는 유지했다. 1821년 9월에 개최된 포르투갈의 궁정회의에서는 브라질의 왕국제도와 히우의 왕실을 폐지하고 리스본에 종속된 지방으로 만드는 투표를 실시했다. 포르투갈 왕실은 식민지에 대한 완벽한 통제권을 행사하기 위해 군대를 브라질에 파견하고 지휘권을 본국에서 급파한 장

교에게 주었다. 1822년 1월에 되자 포르투갈과 브라질 군대 간의 긴장은 페드루가 리스본에서 온 귀환 명령을 거부하면서 폭력적인 분위기로 변했다. 이런 상황에서 페드루 1세가 1월 9일에 자신은 브라질에 머물 것이라는 'Fico!'라고 대답함으로써 독립 전쟁을 시작했다.

이와 같이 동 페드루 1세는 포르투갈의 귀국 압력에 대응하여 머물 것을 결정하였다. 포르투갈인들은 세후 카스텔루(Cerro Castelo)에 군대를 집결하기 전에 폭동을 일으켰으나 수천 명의 브라질 군대에 포위되었다. 동 페드루는 포르투갈의 명령을 받는 장군들을 해임하고 니테로이(Nitéroi) 만에서 그들의 군대를 철수시킬 것을 명령했다. 페드루는 상파울루의 주제 보니파시우 지 안드라다 이 실바를 중심으로 새로운 왕정체제를 조직했다. 코잉브라 대학에서 과학교수를 지냈고 포르투갈 왕실의 직원이었던 그는 독립과정에 결정적인 역할을 한 브라질 민족주의의 전형적인 인물이었다.

일촉즉발의 분위기가 고조되면서 동 페드루는 대결이 임박할 때를 대비해 영국 선박에 은신처를 확보해 두고 왕실의 가족들을 도시외각의 안전한 곳으로 피신시켰다. 다음 날 포르투갈의 사령관은 지원군이 도착할 때를 기다려 출발을 연기했다. 그러나 1822년 3월 5일에 히우에 도착한 지원군은 상륙하지 못했다.

포르투갈 주둔군들은 1821년 11월에 떠날 것을 강요받았을 때 페르남부쿠의 헤시피에서 혈전이 벌어졌다. 1822년 2월 중순에 바이아인들은 포르투갈 군대에 저항해 반란을 일으켰으나 바이아에서 내몰려 게릴라전을 펴기 시작했다. 북부에서 발생한 분쟁은 재산과 인명 손실은 없었다. 동 페드루는 미나스제라이스와 상파울루를 확보하기 위해 왕정 민중주의(Populism)를 채택했다.

미나스제라이스 주는 페드루가 브라질에 머물기로 한 시점에 충성을 다짐했고 주도였던 오루프레투에 위원회를 구성하고 있었다. 페드루는 만약 미나스제라이스가 자신을 지지하지 않으면 다른 지방으로 자신의 통치권을 확대할 수 없다는 점을 각인하고 있었다. 페드루는 화려한 축하행사 없이 몇몇의 동료들과 1822년 5월 말에 미나스제라이스로 출발했는데, 다행히 미나스제라이스 주의 지지를 이끌어 냈다. 히우로 돌아오는 길에 그는 자신을 브라질의 영원한 수호자임을 선언하고 얼마 지나지 않아 다음 해에 제헌의회를 소집할 것을 발표했다. 페드루는 지지 기반이 확고해지자 의회정부 구성과 독립을 주장하던 안다라다 이 실바가 이끄는 프리메이슨에 가입했다. 8월 초에는 리스본에 파견되었던 의원들의 귀환을 명령했고, 브라질에 있는 포르투갈 군대를 적으로 규정했으며 우호국가들에게 선언서를 발표했다.

미나스제라이스에서 확고한 지지기반을 확보한 페드루는 8월에는 상파울루로 이동했다. 상투스에서 돌아오는 길에 포르투갈의 궁정회의가 브라질의 정부를 반역자로 규정하고 진압군대를 파견한다는 소식을 부인과 안드라다 이 실바를 통해 전혀 들었다. 포르투갈 왕실이 계속해서 압박해 오자 1822년 9월 7일 동 페드루는 이피랑가 언덕에서 "나의 피와 명예, 신의 이름으로 브라질을 해방시킬 것이다."라고 하면서 브라질의 독립을 선언했다 1822년 12월 1일에 페드루 1세가 브라질 왕으로 즉위했다.

브라질 독립의 원인은 다음과 같이 정리할 수 있다. 경제적인 측면에서 항구개방과 산업자유화로 경제적으로 발전할 수 있는 가능성이 매우 컸다. 브라질산 상품이 포르투갈 상품으로 인해 시장을 가지지

그림 15) 이피랑가의 선언

못했고, 영국은 미국의 목화와 안틸레스 제도의 설탕을 우선적으로
구매하면서 브라질의 대외무역을 침해하고 있었다. 사회적인 측면으
로는 브라질에 왕정이 정착함으로 인해서 다양한 사회적인 변화가
발생했는데 포르투갈로부터 사치품과 편리한 것들이 유입되었으며
유럽의 문화들이 소개되었다. 따라서 엘리트층을 중심으로 사회문화
발전에 대한 욕구가 증가했다. 정치적 측면으로는 1766년에 독립한
미국의 자유주의 사상과 프랑스 혁명 사상이 브라질에 유입되었다.
이러한 사회변화로 인해 식민인들의 문화적 수준이 향상되었고, 많은
브라질인들이 유럽에서 공부하면서 프랑스 철학의 자유주의를 직접
접하여 브라질 독립 사상이 고취되었다. 그 외 국제비밀결사 조직인
프리메이슨들이 신사상을 브라질에 유포시켰다.

페드루 1세의 왕정체제

우선 페드루 1세는 독립을 선언한 이후 프르투갈의 공격 위협에 대응하기 위해 군사력을 강화했다. 나폴레옹 전쟁에서 뛰어난 전과를 올렸고 스페인에 대항하는 칠레함대의 사령관이었던 영국의 토마스 알렉산더 코스레인(Thomas Alexander Cochrane) 해군대장을 고용했다. 또한 코스레인의 부하 장교들과 콜롬비아에서 활약하고 있던 프랑스의 피에르 라바투(Pierre Labatut)를 고용했다. 이들이 바이아, 마라냥와 파라에 주둔하고 있던 포르투갈 군대를 몰아내는 데 중요한 역할을 했다. 히우 항에서 징수되는 세금과 지방의 기부금으로 육군과 9척의 함대를 마련했다. 코스레인은 마라냥에서 초토화 작전과 노예 해방을 주장하면서 경제와 사회를 파괴하는 포르투갈 군대를 단 한 번의 전투로 몰아냈다. 1823년 중반까지 포르투갈 군대는 10,000명에서 20,000명 규모였는데 나폴레옹 전쟁에서 싸운 경험이 있었으나 브라질 군대는 북동부를 중심으로 12,000명에서 14,000명 규모였지만 전쟁 경험이 전무했다. 브라질의 독립전쟁은 무혈전쟁으로 알려져 있지만 지방 수준에서 소규모의 산발적인 전투는 있었다. 예를 들어 바이아의 수녀원에 침입한 포르투갈 군대와 죽을 때까지 싸운 조아나 안젤리카(Joana Angelica) 수녀가 브라질의 독립을 지키기 위해 순국한 대표적인 여성지도자로 평가되는 것에서도 알 수 있다.

영국과 포르투갈은 1825년 8월 29일에 브라질의 독립을 공식적으로 인정했지만, 그때까지 브라질인들은 포르투갈인의 공격을 두려워하고 있었다. 포르투갈의 보복은 재정적인 형태로 이루어졌다. 협정한 비밀 조항은 브라질이 영국에 140만 과운드를 지불하고 동 주앙

6세를 보호해야 하고 포르투갈의 피해 보상으로 60만 파운드를 지출해야 하는 내용이 포함되어 있었다. 그리고 브라질인이 진출하여 장악하고 있던 포르투갈 아프리카 식민지의 병합을 포기하고, 영국이 주장하던 노예무역의 폐지를 수용하는 조건이었다.

당시 브라질 사회 계층 구조는 피라미드형을 이루고 있었다. 1822년에 브라질의 비엘리트들인 전체인구의 95%를 차지하고 있었다. 피라미드의 최하층에는 아프리카 태생이거나 브라질 태생의 노예들이 차지했다. 하층에는 자유태생이거나 해방 노예들로 구성된 유색인들이 대부분을 차지하고 있었다. 상층에는 생계형 농민과 식료품 상인들로 구성되었다. 마지막으로 최상층을 구성하는 사회구성원들은 대농장주들과 브라질 왕실 소속의 직원들이었다.

행정조직도 개편했는데 독립 직후 브라질은 18개 주로 나누어져 있었다. 각 봉토제와 주정부는 왕이 임명하는 의장에 의해 관리되었다. 엘리트들은 중앙집권화된 구조를 만드는 것이었다. 그러나 지방정부는 중앙정부의 중앙집권화 계획에 강력하게 반대했다. 새로운 왕정의 행정조직은 식민기간의 지방 대토지 소유자들이 만든 구조보다는 훨씬 더 엄격한 형태를 갖추고 있었다. 북부의 빠라와 마라냥과 같은 주들은 바이아와 히우보다는 리스본과 자주 접촉하고 있었다. 이러한 요인들은 정치적으로 브라질의 왕정을 약화시키는 요인이었다.

브라질의 독립운동은 무혈혁명을 통해 달성되었는데, 사상적 토대는 미국 혁명과 프랑스 혁명이었다. 사상적인 측면에서 보면 당연히 공화정을 정치형태로 채택해야 했으나 라틴아메리카의 다른 국가들과 달리 왕정체제를 수립했다. 왕정을 선택한 것은 다음과 같은 요인들이 작용했다. 첫째, 모든 국민들이 왕정체제가 적절한 체제라고 인식했기 때문이었다. 브라질 엘리트들은 자신들이 누리고 있는 기득권을 유지하고 싶어 했고 왕정체제가 자신들의 권익을 가장 잘 지킬 수 있는 체제라고 인식했다. 사실 독립은 했지만 브라질은 여전히 식민시대의 구체제가 유지되고 있었다. 또한 경제적으로 영국의 영향을 많이 받고 있었는데 영국이 왕정체제를 유지하고 있었다는 것도 중요하게 작용했다. 둘째, 질서 유지를 위해서였다. 왕정체제가 브라질의 사회구조의 심각한 변화 없이 엘리트들의 권익을 옹호하고 지방의 반란을 진압할 수 있는 것이라 파악했기 때문이었다. 셋째, 브라질 통일 유지를 위해서 선택하게 되었다. 브라질은 스페인령 식민지의 독립 국가들과 달리 하나의 국가로 독립했는데, 이것이 가능했던 이유는 왕정체제를 유지했기 때문이었다. 넷째, 식민기간의 대토지 소유구조를 유지하면서 토지 소유자들의 권익을 보호하기 위해 선택되었다.

이와 같이 브라질은 스페인령 아메리카의 독립 국가들과 달리 단일 국가를 형성을 가능하게 했던 것은 다음과 같은 특성들 때문이었다. 첫째, 브라질은 식민기간부터 하나의 총독체제하에서 중앙집권화된 관리를 해 왔다. 이런 체제 때문에 광산개발을 통해 성장한 미나스제라이스의 분리주의 운동도 통제할 수 있었다. 둘째, 정치 엘리트들의 이권 경쟁에도 불구하고 독립이 평화적으로 이루어졌기 때문에 혁명적 변화의 필요성을 인식하지 못했다. 셋째, 포르투갈 왕실의 천도와 섭정을 통해 자연스럽게 왕정이 도입되었기 때문이다.

1824년에 페드루는 제헌의회를 폐지했다. 안드라다 이 실바와 페드루의 동생 등이 미국의 헌법과 유사한 입법과 사법에 의해 왕정의 권한이 제한되는 헌법을 작성했다. 논란 없이 통과될 수 있을 것으로 기대했으나 페드루가 거절했다. 페드루는 군대를 이용해 의회를 포위하고 해산시켰다. 페드루는 의회가 제안한 헌법 대신에 포르투갈(1822년)과 프랑스(1814년)의 헌법을 초안으로 법안을 마련했다. 헌법은 간접선거와 3권 분리를 내용으로 하고 있었으나 왕이 통제하는 제4의 왕권을 포함하고 있어 왕권이 여전히 강력하게 작용하는 형태였다. 왕권은 상원과 판사의 임명권, 의회와 행정부처의 소환권과 임명권으로 교착상태에 있는 사안들을 조정할 수 있는 권리를 지니고 있었다. 또한 왕은 협정 체결과 비준권을 지니고 있었다. 페드루의 헌법은 종교적 자유, 개인의 권리와 재산권에서 의회가 제출했던 것보다는 자유로웠으나 권력이 왕권에 집중되었다.

이러한 헌법은 북동부의 설탕과 면화 지역에서보다는 남동부에서 성장하고 있던 커피농장주들에게 더 호의적이었다. 1824년 중반 페르남부쿠와 세아라를 위시한 북동부 5개 지방이 적도연방을 선언하고 독립 반란을 일으켰다.

분리 독립을 주장한 적도연방

적도연방은 1824년 중반에 페르남부쿠를 비롯한 북동부 지역에서 발생한 분리주의, 공화주의 운동이었다. 페르남부쿠인들은 1817년에 공화혁명에 적대적이었으며 1823년의 제헌 헌법을 수용하지 않았다. 1824년 7월 21일에 혁명이 시작되었다.

페르남부쿠의 엘리트들이 이 헌법의 정통성을 부인했고 파라이바, 히우그란지두노르치와 세아라가 동조하여 적도연방이라는 공화국

그림 16) 적도연방 운동

건설과 독립을 발표했다. 대통령으로 마누에우 지 카르발류 파이스 지 안드라지(Manuel de Carvalho Pais de Andrade)를 선출했다. 이들은 카르멜회(Carmelita: 12세기에 팔레스타인의 Carmel 산에서 창시된 수도회에 소속)의 조아킹 두 아모르 지비누 카네카(Joaquim do Amor Divino Caneca) 수도사의 사상을 따르고 있었다. 그는 타이스 페르남부카누(Typhis Pernambucano) 신문에 왕정에 대한 지방의 자치와 행정부에 대한 사법부와 입법부의 자율권을 옹호하는 글을 실었다.

이 운동에 대한 왕정의 반응은 즉각적으로 나타났다. 1824년 9월에 헤시페에서 프란시스쿠 리마 이 시우바(Francisco Lima e Silva)와 아우미란치 코소란니(Almirante Cochrane)에 의해 포위당하여 패배하여 내륙으로 도망쳤다. 1825년 초에 주요 지도자들이 체포되어 수감되었다. 1824년 운동은 1817년에서 연방주의와 자유주의 사상을 옹호했던 페르남부쿠 반란에서 비롯되었다. 헌법의 승인과 독립으로 이러한 입장이 확고하게 되었고, 왕정과 남부 지역의 정치엘리트들의 이익과 대립하게 되었다. 사회적인 측면에서는 그들이 제안한 것들은 그렇게 혁신적인 것이 아니었고 노예제도 폐지를 포함하지는 않았다. 그러나 권력의 균형, 직접 선거 옹호와 같은 제도적이고 정치적인 부문을 강조했다. 특히, 왕권의 폐지를 주장했으며, 왕정의 상원과 하원의 지방 대표제를 주장했다. 그러나 이 반란은 1824년 11월 21일에 정부군에 패배하면서 끝났다.

시스플라티나 주가 우루과이로 독립하다

1811년에 우루과이의 국민 영웅 호세 헤르바시오 아르티가스는 에스파냐에 대항해 독립 전쟁을 일으켜 라스 피에드라스 전투에서 같은 해 5월 18일 식민지배자를 격퇴했다. 1814년 그는 연방 연합을 조직했다. 공화주의적인 연방 연합의 영향력과 명성이 계속 커지면서 포르투갈은 이를 우려했고, 호세 아르티가스와 그의 혁명을 분쇄하기 위해 1816년 8월에 아르헨티나와 암묵적으로 공모하여 동부 주를 침략했다. 포르투갈군은 수적, 물질적 우위로 1817년 1월 20일에 몬테비데오를 점령했으며, 3년간 지방에서 전쟁을 계속해 결국 타쿠아렘보 전투에서 아르티가스를 패배시켰다. 1821년에 리오 데 라 플라타의 동부 주(Provincia Oriental del Río de la Plata)는 브라질에 병합되어 시스플라티나 주가 되었다.

그러나 다시 1825년 8월 25일에 후안 안토니우 라바예하가 이끄는

33인의 동부인들이 우루과이의 독립을 선언했고 아르헨티나가 반다 오리엔탈의 독립을 지원하면서 시스플라티나 지방에서 브라질과 아르헨티나 간의 500일간 전쟁이 시작되었다. 왕정은 군대를 파병할 여유가 거의 없어 아일랜드와 독일 용병들을 고용했고 리오 델 라 플라타를 봉쇄하는 데 함대 6척이 필요했다. 재정이 바닥난 왕정은 전쟁 경비를 마련하기 위해 의회를 소집하여 런던 은행의 대출금 상환을 다음 해로 연장하기로 결정했다. 국제 환경은 브라질의 행보에 제동을 걸었는데, 특히 영국과 미국이 적극적으로 반대했다. 결국 브라질은 전쟁을 확대하지 못하고 아르헨티나와 협상을 통해 우루과이의 독립을 인정할 수밖에 없었다. 1828년 영국이 중재한 몬테비데오 조약을 맺고 독립했다. 이 시기에 히우그란지두술 주도 독립을 선언했지만 브라질 왕정의 적극적인 진압으로 뜻을 이루지 못했다.

시스플라티나 지역 분쟁이 종결되면서 히우에서 용병들에 대한 거부 반응이 증폭되었다. 용병들이 브라질인들이 보이는 외국인 혐오증을 견디지 못하고 폭동을 일으켜 사회문제로까지 확산되었다. 아일랜드인들은 본국으로 돌아갔으나 독일인들은 남부로 보내졌는데, 이것이 남부지역에서 독일 민족이 많이 거주하게 되는 계기가 되었다.

커피 재배와 노예 노동력

커피 수출이 지속적으로 증가했고 이에 따라 노예 수입도 증가했다. 히우에 있던 노예의 수는 1825년 26,254명에서 1828년 44,555명으로, 불과 3년 만에 거의 두 배 정도 증가했다. 1822년에 식민 초기부터 들어온 흑인들이 브라질 인구의 약 30%를 차지했다.

동 페드루 I세는 브라질의 병폐는 노예제라고 주장하고 노예제를 폐지하기를 바랐으나 자유헌법에 따라 노예를 소유한 귀족들이 통제하는 의회에 입법권이 있어 뜻을 이루지 못했다. 브라질에서 자유주의 원칙과 정치 방식은 어떤 특별한 의미를 준다. 사회계약, 주권, 법의 지배, 보통권, 권력분립, 대표정부는 제외되었고 선택된 특권적인 소수에 의해 유지되었다.

1826년 이후 노예를 소유한 귀족들의 관심은 사법부를 장악하는 것이었으며, 노예반란에 대해서 가혹한 형벌을 가하는 반면 백인 반란에 대해서는 비교적 관대했다. 또한 군대 규모를 축소하고 노예제에 대한 외국의 간섭을 배제시키는 것이었으며, 금융에 기초한 산업자본주의를 장려하려는 중앙정부의 노력을 약화시키기 위해 브라질 은행을 폐지하고 관세를 인하했다. 그리고 자영농보다는 노예 노동력을 확보하기 위해 이민정책을 추진했다. 의회를 장악하고 있던 미나스제라이스의 베르나르두 페레이라 지 바스콘셀루스(Bernardo Pereira de Vasconcelos)는 노예는 비도덕적인 것이 아니며 외국자본과 기술은 브라질에 도움이 되지 않는다고 주장했다. 또한 상파울루의 니콜라우 지 캄부스 베르게이루(Nicolau de Campos Vergueiro)는 유럽의 자유이민으로 노예를 대체할 것을 주장했다. 결국 의회는 노예보다 못한 계약 제도를 도입했다.

5. 다양한 정치실험의 섭정기

동 페드루 1세가 포르투갈의 왕위계승 문제로 왕좌를 버리고 브라질을 떠나면서 그의 아들인 페드루 2세가 왕권을 이어받았다. 동 페드루 2세는 어렸기 때문에 성년이 될 때까지인 1831년에서 1840년까지 정치인들이 섭정을 했다. 섭정기간은 중앙권력의 통제력이 약화되면서 각 지방에서 자율권을 주장하는 세력들이 등장했기 때문에 정치적 혼란기라고 할 수 있다. 지방의 끊임없는 요구가 계속되자 왕정은 지방으로 많은 권력을 이양했다. 따라서 브라질은 표면적으로는 왕정체제를 유지하고 있었지만 지방권력이 강화되어 연방형태의 정치가 이루어졌다. 히우의 섭정자들은 외부의 침략과 자신들 간의 균형과 질서를 유지하려고 했으나 왕정은 육군과 해군에 필요한 재정이 확보되지 않아 왕정의 방어기능을 제대로 수행할 수 없었다. 따라서 각 지방에서 반란과 폭동이 빈번히 발생했다.

제1왕정기에 일반국민들은 정치활동에서 배제되었다. 동 페드루 1세 집권기에는 정치활동이 브라질 독립을 결정지은 부유층에 집중되어 있었는데, 섭정기에는 권력의 집중을 우려한 정치인들 간의 논의를 거쳐 민주형태를 띠게 되었다. 그래서 극단주의자와 합법적이고 온건적인 정부 간의 정치적 논쟁이 끊이지 않았고, 사회정치적 반란이 많은 주에서 발생했다. 이러한 운동들은 지방권력을 장악하는 데 그쳤고, 조직화되지 못했다. 대부분의 지방 반란들은 합법주의자들이 주도했다.

당시 인구 중에 50%가 노예였기 때문에 하층계급은 큰 영향을 미치지 못했다. 그리고 원주민들도 다수를 차지하고 있어 야만적인 생활을 영위하고 있었고 토지문제에서 비롯된 부족 간의 분쟁에 직면해 있었다. 원주민들 간의 분쟁이 정치 엘리트들의 정책을 만들어 내지는 못했다. 자유인들이 중간계층을 형성하고 있었으나 다양한 이해관계로 인해 계급적 특성이나 집단적 공동체 의식을 지니지는 못했다.

지역적인 운동들이 정치적 목적을 뚜렷하게 제시하고 있기보다는 개인적이고 특수한 동기에서 비롯된 것이었다. 섭정정부는 반란들을 효과적으로 진압하지는 못했지만 왕이 없는 불안한 정국에서 브라질의 통일을 유지했으며, 포르투갈과의 왕위계승문제 등으로 인한 국제적인 대립에서 독립을 강화시켰고, 정치적으로 초보적인 수준이기는 했지만 민주정부의 형태를 경험할 수 있었다.

섭정기의 정치 분파는 급진 자유파, 온건 자유파와 왕정 복고파로 나누어져 있었다. 급진 자유파(Liberais Exaltados)는 공화정을 지지하는 미겔 지 프리아스(Miguel de Frias)가 지도자였으며 브라질 군대를 창설하고, 포르투갈 상인들에 대한 차별 정책, 외국상인의 추방, 자치권을 지닌 주의 통합과 연방형성을 강력하게 주장했다. 온건 자유파(Liberais Moderados)는 페이조와 이바리스투 자 베이가(Evaristo da Veiga)를 중심으로 헌법을 준수하고 당시의 정부를 구성하고 있었다.

왕정 복고파(Restauradores)는 독립과정에서 증요한 역할을 담당했던 안드라다를 지도자로 하여 왕정복고를 주장했으나, 1834년 동 페드루 1세가 사망하자 왕정 복고파는 자연스럽게 사라졌다.

이러한 분파 간의 대립으로 히우의 정치일번지에서도 많은 반란이 시도되었다. 급진파의 반란(Revolta dos Exaltados)은 페이조가 섭정을 맡자마자 미겔지 프리아스가 출옥하여 섭정에 대해 반대하고 상원을 폐쇄하고 제헌의회를 소집할 것을 주장했다. 반면 복고파의 반란 (Revolta dos Restauradores)은 안드라다가 섭정 정부의 혼란한 틈을 타서 쿠데타를 시도했으나 페이조가 반란의 지도자인 안드라다의 페드루 왕자의 후견인 자격을 박탈할 것을 의회에 제안함으로써 일단락되었다. 1824년 헌법에 따라 황제가 성년이 될 때까지 25세 이상의 왕가의 왕자나 3명의 섭정단이 통치하게 되어 있었다.

3인 섭정 체제

동 페드루 1세가 폐위한 이후 프란시스쿠 지 리마 이 시우바(Francisco de Lima e Silva), 카르네이루 지 캄푸스(Carneiro de Campos), 캄푸스 베르게이루(Campos Vergueiro)가 섭정단으로 선출되었다. 이들은 국고부(Ministério Deposto)를 재설치했고 제1왕정기에 반란군으로 구속되었던 정치범들을 석방했다. 그리고 혼란한 브라질을 안정시키기 위해 질서 유지에 각별한 노력을 기울였다

임시 섭정기간을 거쳐 정식으로 섭정단을 구성했는데 프란시스쿠 지 리마 이 시우바(Francisco de Lima e Silva), 코스타 카르발류(Costa

Carvalho), 주앙 브라우릴리우 무니스(João Bráulio Muniz)가 선출되었다. 이들은 사회반란을 진압하기 위해 페이조가 제안했던 방위대를 조직했다. 방위대는 부유층이 배제된 빈민층, 노예와 실업자들로 구성된 준군사(Semi-militar)조직이었다. 다음으로는 1834년에 1824년 헌법을 수정하여 지방정부에 많은 자치권을 부여했고, 국가 위원회(Conselho de Estado)를 설치하였으며 3인 섭정 체제를 1인 섭정체제로 전화시켰다. 히우의 니테로이를 중립주로 지정했다. 이후 1891년 공화정이 실시되면서 중립 주는 연방직할(Distrito Federal)로 개칭되었다. 마지막으로 형법절차법(Código de Processo Criminal)과 밀무역 금지법(Lei de Proibição ao Tráfico)을 발표했다.

페이조의 단일 섭정과 지방 반란

헌법 수정에 따라 1835년에 디오구 안토니우 페이조가 선출되었다. 의회 내에서 페이조의 인간성과 사고에 대해 강력한 반발이 있었다. 베르나르두 페레이라 지 바스콘셀루스는 밀무역 금지와 주의 자유주의에 반대했기 때문에 당에서 탈당했다. 페이조의 섭정이 시작되면서 전국 각지에서 반란이 시작되었다.

파라의 카바나다 반란이 대표적인 사건이었다. 카나바나 반란은 시의 변두리 지역에 사는 빈민, 노점상, 원주민, 흑인과 메스티소들이 일으킨 반란으로 1835년 1월 7일에 벨렝에서 주지사와 군사령관을 암살하는 사건이 발생하면서 초래되었다. 카바누스의 지도자들은 대농장주 클레멘치 말세르(Clemente Malcher)를 중심으로 혁명정부를 결성했고, 동 페드루 2세가 성인이 될 때까지 유지되는 섭정에 대해 자치권을 주장했다. 내분으로 말세르를 쫓아내고 민중적인 프란시스쿠 비나그리(Francisco Vinagre)가 주도했다. 7월에 히우 왕정이 존 테일러(John Taylor) 지휘 하에 파견한 군대가 벨렝에 도착해 반란군들을 잠시 진압했으나, 다시 8월에 카바누스들이 수도를 장악하고 에두아르두 안젤링(Eduardo Angelim)을 중심으로 민중적인 새로운 정부를 구성했다. 그들은 공화국과 빠라 주의 독립을 주장했으며, 식량 창고를 급습해서 빈민들에게 나누어 주었다. 1836년부터 왕정이 점점 전세를 역전시키면서 항구를 봉쇄했다. 외부 지원을 받을 수 없게 된 반란군은 서서히 붕괴되었고, 프란시스쿠의 동생인 안토니우 비나그리(Antônio Vinagre)가 이끄는 카바누스들은 해산하거나 내륙으로 도피했다. 카바누스 반란은 아마존 강과 바이슈 토칸칭스(Baixo Tocantins) 강변에 사는 사람들을 동원하여 1840년까지 계속되었다. 반란이 막바지로 치달으면서 3년 동안 약 30,000명 이상이 사망했는데 사망자의 대부분이 남자였기 때문에 파라 주의 남자의 수가 부족한 현상이 나타나기도 했다.

아라우조 리마의 섭정

왕정 장관이었던 페드루 아라우조 리마(Pedro de Araújo Lima)가 1837년에 실시된 선거에서 승리했다. 왕정 장관직은 베르나르두 페레이라 지 바스콘셀루스가 맡게 되었다. 섭정 기간에 중앙과 지방을 불문하고 많은 반란과 폭동이 있었다. 중앙에서는 주로 모든 계층들이 참여하는 민중 반란의 성격이 짙었다. 1831년과 1832년에 히우에서 다섯 번의 반란이 있었고, 1834년에서 1849년 사이는 하층민, 원주민, 자유 혹은 도망 흑인과 노예들이 참여하는 여덟 번의 반란이 있었다. 지방에서는 주로 경제권과 정치권의 자율성을 보장해 줄 것을 주장했기 때문에 왕정의 통일성을 위협했다. 1835년에서 1845년에는 산타 카타리나와 히우그란지두술에서는 부랑아들의 전쟁이 있었다. 또한 1835년에서 1837년에는 파라 지방에서 카바누스(Cabanagem)의 반란이 있었다. 1838년에서 1841년에는 살바도르에서 사비누(Sabinada) 전쟁이 있었는데, 왕정이 군인 징집을 위해 부가한 세금에 반대하는 것으로 의사이자 시민기자였던 프란시스쿠 사빈누 비에이라가 주도했는데 그의 입장을 옹호하는 사람들이라는 뜻을 지니고 있었다. 그리고 1838년에서 1841년에는 마라냥에서 발라이다(Balaiada)의 반란이 있었고 1842년에는 미나스제라이스와 상파울루에서도 반란이 발생했다. 발라이다 반란은 1834년에서 1841년 사이에 세아라와 피아우이 일부와 마라냥에서 발생한 민중반란이었다. 마라냥 주의 한 지방에서 지역 엘리트 그룹들 간의 경쟁이 왕정의 침입을 불러들이는 반란으로 발전했다. 발라이다라고 칭한 것은 리더인 마누엘 프란시스쿠 두스 안주스 페헤이라스(Manuel Francisco dos Anjus Frreira)의 별명이 발라이우(Balaio)였기 때문이었다.

한편 아라우주는 섭정기간 많은 반란들을 진압하는 데 성공했으나, 동 페드루 2세가 성장하여 섭정을 끝내야 하는 시기가 점점 다가오고 있었다. 사실 아라우주는 법령에 따라 1842년까지 섭정할 수 있었으나, 자유주의자들이 동 페드루 2세가 성년이 되기 전에 왕좌에 등극해야 한다고 주장했다.

동 페드루가 성년이 되기 전에 왕좌에 앉는 계획은 의회에 여러 번 제안되었다. 제안의 이유는 섭정으로 중앙을 비롯한 각 지방에서 계속되는 반란을 진압하고 허약한 중앙정부의 통치력을 높일 수 있다는 것이었다. 만약 왕자가 권좌를 차지하게 되면 계층 간의 싸움이 종결되고 평화를 회복할 수 있을 것이라 주장했다. 이렇게 하여 동 페드루가 성년이 되기 전에 왕이 되는 것에 대한 조사위원회가 구성되었다.

아라우주 리마가 동 페드루 2세에게 "15세가 될 때까지 기다리겠느냐, 아니면 지금 왕이 되겠느냐?" 물었다. 동 페드루 2세는 '지금 원한다(quero já)'고 대답하여 1840년 7월 23일에 왕좌에 올랐다.

섭정을 끝내게 한 카바누스

카바누스 반란은 1830년부터 마라냥 주의 한 지방이 대토지 소유자의 보수주의자(Cabanos)와 자유주의자(bem-tem-vis) 간의 분쟁에 의해 시작했다. 자유주의자들이 보수주의자들의 권력을 제한하기 위해 시장선거를 장악하자는 캠페인을 시작하면서 분쟁을 자극했다. 정치가 불안정하고 힘들고 어려운 일상생활이 계속되면서 목동, 지주, 농민, 수공업자, 흑인과 메스티소들이 참여하는 급진적이고 민주적인 정치를 요구하는 운동이 나타났다.

대립의 도화선은 1838년 12월 13일에 가라냥 내륙에 위치해 있는 이구아라(Iguará)의 빌랴 다 망가(Vila da Manga)의 구치소의 반란이었다. 목동인 하이문두 고미스 비에이라 주타이(Raimundo Gomes

Vieira Jutahy)가 감옥에 수감되어 있는 동생을 구출하기 위해 감옥을 공격했다. 반란은 경찰 대위에 의해 폭행을 당한 딸을 가진 발라이우의 참가로 힘을 모을 수 있었다. 분쟁은 자유주의자들이 일으킨 폭동과 3천 명의 도망노예가 거주하는 킬롬보의 지도자였던 흑인 코스미 벤투 다스 샤가스(Cosme Bento das Chagas)의 참여로 확대되었다. 2천 명의 오지인들이 1839년 10월에 그 지역의 제2의 도시인 카이사스(Caixas)를 점령했다. 오지의 중앙시장으로 알려진 상업중심지가 발라이우스의 임시정부 거점이 되었다. 그들이 발표한 선언문은 가톨릭 종교, 헌법, 동 페드루 2세와 자유의 신성한 권리 회복을 담고 있다.

1840년 초 반란을 진압하기 위해 이 지방의 통치자로 루이스 알비스 디 리마 이 실바(Luis Alves de Lima e Silva) 대령이 마라냥에 도착했다. 그는 군대를 재조직하고 반란군들과 교전했으며, 정복지역에 대해서는 반란군들을 해산시켰다. 발라이우가 전사한 전투 이후 정부군은 카이사스를 재탈환했다. 그 후 반란군들을 추적하기 시작하여 1840년 5월 하이문두 고미스 군대를 진압했다. 몇 달 후 동 페드루 2세(Dom Pedro II)가 흑인 반란군들을 재노예화시킨다는 조건으로 그들을 사면시켰으며, 2천 명 이상의 발라이우스들이 이를 수용했다. 1841년 1월에 빌라 지 미리치바(Vila de Miritiba)에서 고미스가 체포되면서 반란은 끝이 났다. 이듬해 1842년 9월 흑인 코스미 벤투도 체포되어 교수형에 처해졌다. 반란군을 진압하는 데 혁혁한 공을 세운 루이스 알비스 대령은 1841년 카이사스 백작(Barão de Caixas)이라는 칭호를 받았다.

6. 제2왕정과 사회 변화

　동 페드루 2세는 성년이 되기 전에 왕위에 올랐다. 오랜 기간 준비했기 때문에 학문에 뛰어났고 사회현상을 바라보는 현안을 가질 수 있었다. 그의 집권기는 브라질에 근대국가로 변모하는 시기와 일치한다는 것에서 동 페드루 2세의 왕으로서의 자질을 알 수 있다.

　일반적으로 제2왕정은 정치·경제적인 변화에 따라 3시기로 구분할 수 있다. 첫째, 1840~1850년으로 의회제도 도입과 평화를 회복한 시기인데 섭정기간 시작되었던 대부분의 반란이 진압되었다. 둘째, 1850~1870년으로 플라타 지역 국가와 영국과의 대외적인 문제 해결, 예술, 학문과 과학적인 발전을 추구함으로써 브라질 왕정기의 황금기를 맞이했다. 셋째, 1870~1889년으로 왕정이 쇠퇴하고 공화혁명이 발생한 시기로 사회, 군사, 종교적인 문제가 대두되면서 공화혁명으로 왕정이 막을 내리게 되었다.

　1840년대 브라질은 반란 진압과 새로운 법안 마련에 많은 노력을 쏟았다. 당시로서는 혁신적이라 할 수 있는 선거법 개정을 시도했는데, 왕권이 통제하는 체제였기 때문에 지금과 같은 민주적 선거절차를 입법하는 것은 아니었다. 동 페드루 2세는 왕권으로 하원 의회를 해산시키고 새로운 선거를 실시했다. 선거 과정에서 자신의 정치적 소신을 드러냈는데 중앙의 통제권을 방어하기 위한 보수주의적인 입장을 확고히 했다.

기존의 1824년 헌법은 3권 분립에 따라 왕정을 운영하는 것을 기본으로 하고 제4부로 왕권을 인정했다. 왕권에는 상원의원을 임명하고 입법의원들을 해임할 수 있는 권한을 가지고 있는데 의원 임명과 해임권을 이용해 정국을 마음대로 조정할 수 있었다. 동 페드루 2세는 이런 왕권을 이용하여 왕정정치를 자유와 보수 간의 균형을 유지시켰다. 왕이 강력한 권력을 지니고 있었기 때문에 국내 정치가 왕의 절대적인 권력에 의존하는 폐단을 낳을 수도 있었다. 특히, 당시의 정당 정치가 어떤 정치적 이데올로기에 따라 당파를 이루고 있는 것이 아니라 정치적 이익에 따라 결정되는 이해 집단에 불과했기 때문에 그럴 가능성이 한층 높았다. 그래서 역사가 리차드 그레이엄(Richard Graham)은 제2왕정기간의 정당들이 자신의 정치철학에 따라 형성된 것이 아니라고 주장했다. 사실 1800년대 브라질뿐만 아니라 라틴아메리카의 대부분의 정당들은 어떤 정치적 이데올로기보다는 경제적 이권과 관련해서 정치 집단화되었는데, 특히 상품의 수출과 수입에 대한 태도로 구분되었다. 브라질은 커피 산업이 급성장하면서 커피 산업에 대한 정치적인 태도에 따라 자유주의와 보수주의자로 구분되었다. 일반적으로 상업에 종사하면서 무역 자유화를 주장하는 상인과 무역업자들은 대부분이 자유주의자들이었고, 커피를 재배하는 대농장주들은 무역에 대해 보호주의적인 입장을 견지하고 있는 보수주의자들이었다.

정치인들의 입장은 1850년에 입법된 토지법(Lei da Terra)에서 잘 나타났는데, 대부분이 보수주의적인 접근으로 이해하고 있었다. 이 토지법은 브라질 현대 토지법의 근간을 이루는 것으로 매우 중요한 의미를 지닌다. 토지소유자들의 권리와 의무를 규정하고 있으며, 토지법이 발표되면서 식민시대부터 유지되어 으던 토지소유권 획득 행태에 변화가 생겼다. 당시까지 토지소유권을 획득할 수 있는 방법은 왕의 하사, 세스마리아를 통한 불하, 불법 점거 등이었는데, 왕의 허가나 토지를 구매의 대상으로 설정하고 토지 거래가 가능하게 되었다. 그러나 토지를 구매할 수 있는 사람의 수를 제한시킴으로써 토지 집중 현상을 더욱 가중시키는 결과를 가져왔다. 또한 농부는 기존의 토지 소유자들에게 자유노동으로 노동력을 제공해야 한다고 규정함으로써 토지의 이용에 따른 특권을 대지주에게 인정하는 꼴이 되었다.

노예제 폐지와 사회 변화

1850년까지 영국 정부는 아프리카 노예무역을 금지시켜 줄 것을 브라질 왕실에 요구했다. 왕정이 영국의 요구를 수용하지 않자 영국은 브라질 해안에 해군을 파견하여 노예선을 나포하라고 명령했다. 영국의 무력행사로 왕정은 영국과의 직접적인 마찰을 피하고 정국의 안정을 위해 적극적인 대응보다는 노예무역을 폐지하는 정책을 선택했다. 커피 산업이 확대되면서 노예 노동력이 절대적으로 필요했지만 영국과의 마찰로 무역 통로가 막히고 경제적 손실이 증가할 것을 우려한 왕정과 대농장주들이 노예제 폐지를 결정한 것이었다.

브라질 노예무역을 주도하고 있는 많은 포르투갈 상인들을 추방했고, 지방 행정, 경찰과 군대를 동원해 노예무역을 봉쇄했다. 공식적으로 노예무역 폐지가 1850년에 시작되었지만 채 5년도 되지 않아 밀무역까지 점점 소멸되고 있었다. 커피 생산 면적이 증가하면서 노동력은 더 필요하게 되었기 때문에 노예 가격은 점점 상승하고 있었다. 왕실의 적극적인 정책에도 불구하고 영국은 브라질 왕실을 신뢰할 수 없다는 명목으로 영국이 직접 관리를 하겠다고 나섰다. 외부적인 압력으로 시작된 노예무역 폐지는 국내에서 점차적으로 지지를 얻게 되었고 대농장주들이 유럽과 아시아에서 계약 노동자라는 대체 자원을 찾으면서 노예무역 유지에 대한 지지층도 사라졌다. 노예송출지의 대부분이 아프리카의 포르투갈 식민지였기 때문에 노예무역의 많은 부분을 포르투갈인들이 차지하고 있었다. 독립 이후 포르투갈인들은 외국인으로 분류되면서 노예무역과 관련하여 외국인 혐오증이 생기기도 했다.

노예무역의 폐지는 19세기 중반 브라질 사회에 큰 변화를 가져왔다. 첫째, 점점 확대되고 있던 커피 재배에 필요한 노동력을 충당하지 못해 노동 인력 부족으로 이어졌다. 북동부의 사탕수수 농장이 점점 쇠퇴하면서 유휴 노동력을 남동부 지역으로 송출하고 있었지만 커피 재배지의 수요를 만족시키지 못했다. 이에 따라 의회가 노동력 문제를 해결하기 위해 토지법과 유럽 이민을 장려하는 법안을 통과시켰다. 19세기 후반 수출품에서 커피가 차지하는 비율이 점점 증가해 1841~1850년에 50%였던 것이 1871~1880년에는 59.5%까지 증가했다. 전체적으로 산품 생산이 증가하는 추세였는데, 설탕, 면화, 담배, 코코아, 고무와 마떼차도 생산 규모가 확대되었다. 목축업도 전국적으로 확산되어 북동부의 오지, 미나스제라이스 평원, 히우그란지두술의 팜파스에까지 확산되었다. 남부에서 소금에 절인 고기가 커피재배지로 보내졌다. 주식으로 쇠고기 외에 고단백질 콩, 쌀, 옥수수를 많이 먹었는데 이런 식량들은 히우그란지두술의 이민촌이나 미나스제라이스에서 재배되었다. 각 지역별 특산물들이 생산되면서 지역 간 무역이 싹트기 시작했으나 여전히 일차적으로는 지역의 자급자족 경제체제에 의존하고 있었다.

둘째, 커피재배로 만들어진 자본이 그동안은 노예를 사는 데 주로 투자되었는데, 더 이상 노예로 유지될 수 없게 되자 축적된 자본을 유아 산업과 철도와 같은 교통시설에 대한 투자로 점차 확산시켰다. 농업 자본이 산업 자본으로 전환되는 시점이라 할 수 있는데 그 규모는 커피 산업의 성장과 비례해서 증가했다. 1850년대와 1860년대에는 영국 자본과 기술을 이용해 커피를 해안으로 빠르게 운송하는 철도를 부설했다. 1868년에 완공된 상파울루~상뚜스 노선이 해안의 급경사면의 장애를 극복했던 주요 시설이었다. 북동부에서는 철도 건설로 해안에서 내륙으로 진출할 수 있는 계기가 되었다. 그러나 자본과 수요가 제한적이어서 철도는 생산지와 항구를 연결하여 수출을 원활하게 하는 역할을 했다.

셋째, 영국은 브라질이 아르헨티나의 후안 마누엘 데 로사스(Juan Manuel de Rosas, 1829~1833, 1835~1852)의 장기집권을 막기 위해 개입하는 것을 방치했다. 이것은 브라질이 영국과의 노예무역 폐지 협약을 지킴으로써 누릴 수 있는 일종의 혜택이었다. 1828년에 우루과이를 독립시켜 주면서 리오 델 라 플라타의 반다 오리엔탈을 상실했으나 이 지역의 사안이 여전히 국정운영 논의에서 다루어지고 있었다. 브라질의 가장 중요한 사업가였던 마우아(Mauá) 자작인 이리네우 에반젤리스타 지 소우자(Irineu Evangelista de Sousa)는 자신의 기업이 우루과이 정부은행이었기 때문에 많은 금융 이익을 얻고 있었다. 또한 많은 브라질인들이 우루과이 영토의 1/3에 해당하는 400개의 대규모 목장을 소유하고 있었다. 이들은 자신의 가축들이 히우그란지두술로 돌아오거나 우루과이로 갈 때 우루과이 정부가 부과하는 세금에 반대했으며 우루과이의 콜로라도(Colorado)당과 블랑코(Blanco)당 간의 지속되던 정쟁에 개입했다. 이런 경향들은 리오 델 라 플라타 강 유역의 국제 문제에 대해 브라질이 적극적으로 대응하는 논리였다.

브라질 내에서 노예제 폐지에 대한 논란은 식민 초기 도망 노예들이 형성한 킬롬보에서 시작되었으나, 도망 노예들이 구성한 공동체로 식민 사회의 근간을 이루고 있던 노예제 폐지를 주장하지는 못했고 노예체제에 대한 저항운동으로서의 성격을 지니고 있었다. 이후 1758년에 바이아 주의 변호사였던 마누엘 다 호샤(Manuel da Rocha)가 여성 노예가 낳은 자식에게 자유를 주어야 한다고 주장하여 노예제 폐지 문제가 공개적으로 다뤄지기도 했다. 또한 1789년에 미나스제라이스 반란의 주모자들이 흑인 노예제 폐지를 계획했었다. 그러나 이러한 일련의 주장들은 단편적인 사건으로 마무리되었다. 1823년에 주제 보니파시우가 점진적으로 노예제를 폐지해야 한다고 주장했으나 농장주들의 반발로 무산되었다. 이러한 역사적 배경으로 시작된 노예제 폐지는 1865년에 동 페드루 2세가 파라과이 전쟁에 참전한 흑인 노예에 대해 논의하면서 왕정에서 공식적으로 거론되었다.

아프리카 흑인이 브라질 사회에 적응하는 과정은 시기별 구분이 가능하다. 첫 번째 시기는 1538년에서 1760년까지로 최초로 아프리카

그림 17) 황금법 원본

노예가 도착하여 식민 경제 활동과 사회에 많은 영향을 미쳤다. 두 번째 시기는 1761년에서 1849년까지로 식민 모국인 포르투갈은 노예 해방이 되었으나 브라질은 여전히 노예제가 유지되었다. 세 번째 시기는 1850년에서 1866년까지로 케이로스법을 통해 아프리카 노예의 수입이 금지되어 더 이상 노예가 유입되지 않았다. 네 번째 시기는 1867년에서 1870년까지로 브라질 왕정이 파라과이 전쟁에 참가한 흑인들에게 노예 해방을 약속해 많은 노예들이 해방되어, 히우 시의 변두리에 정착하여 지금의 파벨라(Favela)를 형성했다. 다섯 번째 시기는 1871년에서 1884년까지로 '자유출생법(Lei do Ventre Livre)'으로 노예 어머니에게서 태어난 흑인의 자유를 인정했다. 자유출생법은 1811년에 칠레를 시작으로 1821년 그란 콜롬비아(Gran Colombia), 1856년 포르투갈, 1870년 스페인의 카리부 식민지 등에서 승인되었다. 브라질에서는 히우 브랑쿠가 제안했으며 1871년 5월 12일에 하원에서 승인되었다. 그러나 21세가 될 때까지는 농장주의 보호를 받아야만 했다. 여섯 번째 시기는 1885년에서 1887년까지로 '사라이바-꼬테지피 법(Lei Saraiva-Cotejipe or dos Sexagenários)'을 통해 60세 이상 흑인 노예들이 해방되었으나 노예 수명이 60세를 넘는 경우가 드물었기 때문에 현실적으로 해방된 노예는 소수에 불과했다. 농장주들이 경제 활동에 이용할 수 없는 장애 노예, 허약한 노예, 병든 노예와 늙은 노예들을 포기하는 경우가 많았기 때문에 극소수의 늙은 흑인만이 노예 상태에 있었다. 일곱 번째 시기는 1888년으로, "황금법(Lei Áurea)"으로 브라질에서 노예제가 완전히 폐지되었다. 이를 계기로 브라질에서 아프로 브라질인의 새로운 역사가 시작되었다. 노예 기록은 당시 재무 장관이었던 후이 바르보자(Rui Barbosa)가 노예와 관련된 문서 소각할 것을 명령함으로써 많은 기록들이 사라져 버렸다.

  브라질 노예제 폐지는 외국의 압력, 노예제 폐지 운동과 경제적인 이유에서 추진되었다. 첫째, 노예제 폐지는 앞에서 언급한 것과 같이 독립 이후 영국으로부터 노예무역 금지와 노예제 폐지 압력을 지속적으로 받았다. 노예폐지론자들은 외극의 지지를 받기 위해 외국인들을 초청하여 노예제가 유지되고 있는 현실을 파악하게 했고, 브라질을 방문한 외국인들은 브라질이 발전하지 못하는 원인을 노예제 때문이라 주장했다.

둘째, 조아킹 나부쿠를 중심으로 노예제 폐지 운동이 본격적으로 시작되었다. 노예제 폐지 운동은 두 그룹으르 분류되는데 첫 번째 그룹은 주제 두 파트로시니우(José do Patrocínio), 페헤이라 지 마네지스(Ferreira de Menezes), 비센치 지 소우자(Vicente de Souza), 니콜라우 모레이라(Nicoláu Moreira), 주앙 크랍피(João Clapp) 등으로 주로 감정에 호소했다. 주제 두 파트리시니우는 1880년대 노예제 폐지 운동 신문이었던 "Cidade de Rio"의 신문 기자이며 연설가였다. 조아킹 나부쿠의 노예제 폐지론은 혼혈로 발생하는 브라질 사회의 흑인화를 우려한 데서 비롯되었다. 그는 인종적 혼혈토 이루어진 브라질 사회가 미국의 백인 중심 사회보다 낙후된 것으로 평가했다. 두 번째 그룹은 조아킹 나부쿠, 안드레 헤보우샤스(André Rebouças), 구스망 로부(Gusmão Lobo), 조아킹 세하(Joaquim Serra) 등으로 이들은 브라질의 근대성을 강화하기 위해 노예제 폐지가 필요하다고 주장했다. 안드레 헤보우샤스는 브라질 왕정 시대의 가장 뛰어난 물라토이며 공학도로서 히우를 비롯한 대서양 연안의 항만시설을 건설하여 많은 부를 축적했다. 그는 노예제 폐지와 함께 토지 개혁도 주장했다. 이와 같이 브라질 노예 폐지론자들은 박애주의에 기초한 것이 아니라 스키드모어가 주장하는 것처럼 브라질 엘리트들이 공유하고 있는 백인화와 근대화를 위한 것이었다. 19세기 후반 브라질 엘리트 사회에는 실증주의, 공화주의와 노예제 폐지와 같은 새로운 조류가 형성되었다. 이런 사회사상에 기초해 브라질 국시인 "질서와 진보(Ordem e Progresso)"가 형성되었다. 질서는 브라질 사회 내에서 개인의 사회적 위치, 계층 구조를 의미하는 것이었고, 진보는 계몽주의, 다윈니즘과 실증주의와 같이 이 시기에 브라질 엘리트들이 수용하고 있는 과학 사상을 반영하고 있어 진보는 유럽화를 의미했다. 특히, 유럽화 사상은 1870년대 이후 브라질 정치를 주도했던 군부, 공화주의를 지지하는 상파울루 공화당에 많은 영향을 미쳤다.

셋째, 노예제 폐지가 진행되는 기간 브라질은 농업 경제 위기로, 산업 사회로 전환되는 시점에 있었다. 그러나 브라질이 유지하고 있던 노예 체제는 산업 사회가 필요로 하는 기술 노동력과 소비 시장을 형성하지 못하고 있었기 때문에 자본주의 체제에 맞지 않았다. 그럼에도 불구하고 노예제 폐지 이후 흑인은 기술 교육이나 자본주의에 필요한 교육을 받지 못했기 때문에 산업 사회에 적응하지 못했다. 이러한 과정으로 인해 흑인은 사회 계급 구조에서 하위에 위치하게 되었다.

이와 같이 브라질 노예제 폐지는 다음과 같은 특성을 지니고 있다. 우선, 혁명적인 방법이 아닌 점진적인 방법을 통해 이루어졌다는 것이다. 1850년 노예무역 폐지, 1871년 자유출생법, 1885년 사라이바-코테지피 법, 1888년 황금법을 거치면서 점차적으로 노예해방 범위를 확대했다. 따라서 초기 단계에서 엘리트들의 권익을 보호할 수 있는 장치들이 마련되었다. 그리고 노예제 폐지가 박애주의 정신으로 이루어진 것이 아니라 특정한 산업 노동력을 자유인으로 보충하려는 경제 근대화 프로그램의 일부로 이루어졌다. 마지막으로 노예제 폐지로 인해 아프로 브라질인으로 종족성을 형성했다. 즉, 흑인들은 아프리카에 기원하고 있는 종족이 다름에도 불구하고 통일된 흑인으로 종족성을 형성했다.

파라과이 전쟁과 브라질

1860년대 중반 왕정은 부에노스아이레스 정부와 몬테비데오의 블랑코 체제를 콜로라도당으로 대체시킬 것을 공모했다. 블랑코당은 두 강대국에 대한 두려움을 숨기고 있었고, 파라과이는 우루과이를 위협하는 것을 자신들을 위협하는 것으로 인식했다. 이런 유대 관계를 가지고 있었기 때문에 브라질이 끊임없이 우루과이 내정을 간섭하자 우루과이 위정자들이 파라과이의 득재자 프란시스코 솔라노 로페스(Francisco Solano Lopez)에게 도움을 요청했다. 1864년에 브라질과 아르헨티나는 솔라노 로페스가 블랑코당을 구하려고 할 경우 함께 대응하기로 했다. 1864년 9월에 브라질은 우루과이에서 블랑코 체제를 무너뜨리고 콜로라도당 정부를 지원하기 의해 군대를 파견했다. 우루과이에서는 콜로라도당이 블랑코당을 이기고 정권을 장악했다. 솔라노 로페스는 파라과이 강을 항해하고 있는 브라질의 마르케스 지 올린다 호를 나포하고 마투그로수를 침입했다. 그리고 아르헨티나 미트레 대통령에게 아르헨티나 영토 통과를 요청했으나, 미트레는 중립을 선언했다. 그러나 로페스는 부에노스아이레스 카우디요들에게 반대하고 있던 내륙인들의 지원을 기대하고 아르헨티나를 무단으로 통과하려고 했다. 기대했던 코리엔데스들이 지원하지 않았고, 오히려 아

그림 18) 파라과이 전쟁

르헨티나를 자극하여 전쟁을 확장시켰다.

이렇게 하여 1865년 5월 1일에 아르헨티나, 우루과이와 브라질이 3국 동맹(Tríplice Aliança)을 결성했다. 이 협정에 따라 아르헨티나의 영내에서는 미트레가 지위하고, 우루과이에서는 프롤레스(Flores)가 지휘하고, 브라질은 왕정의 장군이 지휘하기로 했다. 1865년 9월 동맹군은 히우그란지두술에서 파라과이 군대를 몰아내고 파라과이로 진군했다. 본국을 방어하던 과라니 파라과이인들은 1866년 9월에 쿠루파이티(Curupaiti)에서 동맹군을 패버시켰다. 그러는 가운데 아르헨티나 국내에서 코리엔데스들의 저항이 시작되자 미트레 장군은 파라과이에서 아르헨티나군을 철수시키고 국내문제에 집중했다. 반면 리마 이 시우바(Lima e Silva) 장군이 이끄는 브라질 군은 파라과이 국내로 진격하여 1869년 1월에 아순시온을 점령하여 종전을 선언하지만 로페스는 남은 병력으로 아순시온 북동부 산중에서 게릴라전을 벌여가며 항전했다. 1870년 3월 1일에 브라질의 카마라 장군의 공격을 받아 그 전투에서 부상당하면서 "국가와 함께 죽는다."라는 말과 함께 칼을 뽑자 브라질의 병사가 발포했는데 그 총에 맞아 전사했다. 브라질 군대가 솔라노 로페스를 끝까지 추격하여 그를 죽였다. 이로 인해 브라질인들이 1878년까지 파라과이를 점령하고 있었다.

연합군의 파라과이 진군은 여러 가지 이유로 그 속도가 매우 느렸다. 첫째는 파라과이 군의 대비책이 매우 훌륭했고 본국의 지리에 밝아 게릴라전을 포함한 국지전에서 전술적으로 우위에 있었다. 둘째는 브라질 군대가 자신들의 대장을 선임하는 데 많은 시간을 소요했다. 실제로 동 페드루 2세의 사위인 루이스 필레페 가스탕이 사령관으로 파견될 때까지 전쟁은 큰 진전이 없었다. 캄포 그란지에서 벌어진 전투에서 파라과이군 5,000명이 전사했는데, 이 전투를 계기로 전세가 연합군으로 완전히 기울어졌다. 셋째는 전쟁이 종결되지도 않았는데 아르헨티나가 파라과이를 일부 차지하려고 하여 브라질이 이를 저지하면서 양국 간의 마찰이 있었다. 넷째는 무조건 항복을 요구하는 과정에서 솔라노 로페스를 추격하면서 지연되었다. 로페스가 게릴라전을 통해 완강히 저항하면서 이런 과정에서 많은 인명피해가 발생했다. 파라과이는 전쟁으로 많은 국민들이 사망했다. 어떤 역사가들은 파라과이 인구의 50% 이상이 죽었다고 주장하는데 이에 상반되게 전쟁 전 전체인구의 8~9%만이 희생되었다고 주장하기도 한다. 그럼에도 불구하고 전쟁, 질병과 기아로 사망한 사람들이 상당했다. 전 인구의 50%, 남성인구의 90%가 전사했으며, 전쟁이 끝난 뒤 살아남은 남자는 2만 8,000명에 불과하였다. 파라과이 인구는 1864년의 130만에서 1870년에는 22만으로 줄어들었다.

파라과이 전쟁은 브라질과 리오 델 라 플라타에 많은 변화를 초래했다. 브라질이 전쟁에서 패전국이 된 파라과이와 우루과이에 대해 내정간섭을 강화하면서 지역에 긴장이 발생했다. 또한 브라질은 전쟁물자 조달이 증가하면서 제조업이 성장했다. 근대적 의미의 산업화가 시작되어 전쟁으로 인명피해는 입었지만 경제적으로는 많은 기회가 생겼다. 이와 더불어 군인들의 역할과 기능이 좀 더 분명해졌다. 독립이후 대외전쟁의 경험이 없던 브라질에 외적이 생기고 전쟁에서 승리하면서 군인의 지위가 상대적으로 매우 높아졌다. 전쟁으로 국경수비가 필요하다는 것이 재확인되면서 격전지였던 남부 히우그란지두술을 중심으로 대령들의 권력이 한층 강화되었다. 사회적으로는 남부지방에 대한 영유권이 명확하게 결정되면서 이 지역으로의 이주가 확대되었고 동시에 항구 도시와 내륙을 연결하는 도로들이 건설되었다. 정치적으로는 전쟁에서 승리한 중앙정부인 왕권이 강화되었다.

또한 파라과이 전쟁은 브라질에 공화주의 사상이 전파되는 계기가 되었다. 당시 라틴아메리카에서는 1867년에 프랑스가 지원하던 멕시코의 막시밀리안 왕정이 붕괴되면서 서반구에서 브라질만이 유일하게 왕정체제를 유지되고 있었다. 이미 아르헨티나, 우루과이와 파라과이가 공화정을 실시하고 있고 브라질에 비해 전체적으로 정치적 자율성이 높은 수준에 있다는 인식을 하면서 공화정에 대한 요구가 군부를 중심으로 일기 시작했다. 1870년대에 공화주의자 운동이 주장하는 논리는 "우리는 아메리카에 있고 우리는 아메리카인이 되길 원한다."는 것이었다. 왕정체제가 이미 아메리카에서 정착하고 있는 정치체제와 맞지 않아 이웃 국가들과 마찰을 빚고 있다고 보았다. 이와 더불어 공화주의자들은 서반구에서 유일하게 남은 노예제 국가로서의 불명예를 벗어버리기 위해 노예제 폐지를 주장했다. 노예제가 브라질의 국가 이미지를 실추시키고 있고, 전근대적인 시스템이기 때문에 폐지해야 한다는 것이었다. 이런 논리에서 출발한 노예제는 결국 1888년에 폐지되었다. 이런 측면에서 보면 노예제 폐지는 인간의 기본적 권리를 보장하기 위해 자유주의자들이 주장하는 사회개혁이나 민주적 사회를 구현하기 위한 것은 아니었다. 사실 노예제 반대는 도덕적인 측면보다는 경제적 효율성이 우선 고려되었다.

아메리카 최후의 왕정 몰락

파라과이 전쟁을 기점으로 브라질에도 변화의 바람이 불기 시작했다. 제2왕정이 들어선 이후 국내 문제들을 잘 헤쳐 나온 왕정이었지만 대외적인 전쟁으로 발생한 내부의 요구들을 효과적으로 수용하지 못했다. 정치적으로는 공화정에 대한 요구가 증가했고, 사회적으로는 노예제 폐지, 종교적인 문제와 새로운 사상이 들어오면서 이전과 다른 요구들이 쏟아져 나왔다.

이런 가운데 왕정체제를 무너뜨린 것은 종교문제와 군대 문제였다.

왕정은 출발부터 교회와 우호적인 관계를 유지했다. 1824년 헌법에서도 제1왕정이 로마 가톨릭 교회를 공식적인 종교로 인정했다. 대신에 교회 내부 문제에 국가가 개입할 수 있도록 했다. 따라서 정부가 서임권(Padroado)과 인가권을 지니고 있었다. 또한 정부가 성직을 만들 수 있었고, 규정과 교서에 대한 승인권을 국가가 가지고 있었다. 섭정 기간 중 국제 비밀 결사 조직원이었던 페이조의 섭정 시에는 교회가 어려움을 겪었다. 동 페드루 2세는 교권옹호자(Regalista)였다. 교권옹호자는 성직에 대한 일시적인 권력을 옹호하면서 주교가 정부 공무원으로 인식되었다. 국가에 교회가 복종하는 것은 부교의 경우에 더욱 뚜렷하게 나타난다. 목사들은 정치 활동에 참여할 수 있었고, 행정 업무와 저널리즘에서도 신부들이 활동하고 있었다. 이들 중 대부분이 비밀결사 조직의 구성원이었다. 이와 같이 왕정과 교회는 우호적인 관계를 유지하고 있었다. 교회가 지나치게 자율권을 누리면서 성직자가 부족하고, 규율이 엉망이었으며, 성직 교육을 잘 받지 못한 성직자들이 많아졌다. 왕정은 부족한 성직자들을 충원하기 위한 개혁 프로그램을 추진했다. 가톨릭교회가 국교였기 때문에 왕정이 성직자의 임금, 성직자 임명, 주교 추천, 교황청의 교서 수정과 신학교에 대한 감독을 비롯한 교회 일에 직접적으로 관여했다. 개혁과정에서 정부가 교육 수준, 개혁지원 의지와 도덕적인 적합성에 따라 주교를 선택했다. 그러면서 성직자들에 대한 정부 통제가 강화되었다. 올린다와 빠라 주교들이 잘 교육 받은 열성적인 브라질 성직자 두 명을 지명했는데, 이들은 당시에 유행하고 있는 가톨릭 지상주의에 영향을 받았다. 1872년에 프리메이슨이 평신도 형제단으로부터 추방되었다. 1874년에 고등법원에서 이들을 중노동 4년형에 처했다. 동 페드루 2세가 왕정의 정책에 대해 모호한 입장을 취함으로써 사실상 지지했다. 그는 문명과 시민적 가치를 중요하게 생각하는 가틀릭의 독실한 신봉자였으나, 찰스 다윈의 진화론과 같은 새로운 사상을 수용했다. 왕실과 교회 간의 위기는 1875년 왕정이 두 명의 주교를 사면시키고, 교황이 제적 명령을 철회하는 것으로 해결되었다. 이 사건은 성직자들이 제2왕정에서 누리고 있던 특혜가 제공되지 않는다는 것을 의미했다.

종교 문제로 브라질 사회 전반에 도덕적 가치에 대한 논의가 제기되는 동안 파라과이 전쟁이 진행되었다. 군부는 파라과이 전쟁에 승리하면서 정치 중심에 등장했다. 군대문제는 군대와 시민 간에 발생했던 많은 사건들을 통해 나타나고 있다. 개인적인 문제가 집단적인 문제로 변화되었다. 가장 중요한 사건들은 다음과 같다. 1882년에 "Corsário" 신문의 편집발행인인 아풀크루 지 카스트루(Apulcro de Castro) 살해사건이 히우 중심가에서 발생했다. 1883년에는 몬테피우(Montepio) 군의 개혁 프로그램이 추진되었고, 세나 마두리이라(Sena Madureira)가 언론을 통해 이 프로그램에 대해 논쟁을 벌이고 있었다. 그러나 정부로부터 불법적인 행위로 판정받고 처벌되었다. 당시 군인들은 전쟁부(Ministro de Guerra)의 허가 없이는 언론을 통한 정치적 논쟁이 금지되어 있었다. 1885년에는 쿠냐 마투스(Cunha Matos)가 피아우이 주둔 군을 이끌고 의회를 공격했다. 언론에서는 옹호했지만 체포되었다.

정부의 장교처벌이 군 내부의 혁명운동을 유발시켰다. 히우그란지 두술 주의 데오도르 다 폰세카(Deodoro da Fonseca)가 장교들에게 호의적인 태도를 취했다. 데오도루 사령관이 헤크이루 극장(Teatro Recreio)에서 군인들의 모임을 소집했다. 이 모임에서 정부와 군의 대립이 공개적으로 드러나게 되었다. 이에 따라 정부는 군대의 반발을 완화하기 위해 군의 언론을 통한 정치적 논쟁권리를 인정했다. 그러나 군 내부의 서비스 문제에 대해서는 어떤 해결책을 제시하지 못했다. 그러나 이러한 정부 정책이 발표되기 전에 군은 정부와 협상하지 않을 것을 결정했다. 이러한 상황을 완화하기 위해 정부는 데오도루를 마투그로수로 파견했다.

그러나 오루프레투의 백작인 아폰수 셀수(Afonso Celso) 정부가 이사벨(Isabel) 공주의 왕권을 확보하기 위해 방위대를 재창설할 계획을 수립하고 세금을 인상하는 정책을 실시했을 때 다시 군인들의 반란이 시작되었다. 정부는 군대를 약화시키기 위해 내륙으로 파견하기 시작했지만, 11월 15일에 다른 군부대가 히우에서 전출되어 왔다. 군인들이 캠프로 행진하여 공화국을 선포했다.

군인들이 공화주의 혁명을 주도한 이유는 여러 가지가 있다. 첫째, 파라과이 전쟁이후 새로운 군대 조직이 필요했다. 둘째, 군부 내부의 문제에 대한 정부의 무관심이 공화주의 운동을 이끄는 배경이 되었다. 셋째, 정당을 위해 군대의 주요 인사의 지원 확보가 문제되었다. 넷째, 새로운 철학 사상을 유입시킨 군사학교에서 실시한 이론적인 교육의 영향이었다. 당시 공화주의적 독재를 옹호하는 아우구스투 콩트의 실증주의가 군인 계급 내에 확대되어 있었다. 다음으로는 플라따 지역 공화제를 채택한 국가들의 공화주의 영향이 지대한 영향을 미쳤다. 콩트의 실증주의는, 정치적으로는 전제정치와 구별되는 독재적인 공화정(República Ditatorial)을 지지했다. 권력은 계층에 따라 구성된 정부 대표에게 부유층의 생산력에 따라 배분해야 한다고 주장했다.

동 페드루 2세의 망명생활

왕비가 죽은 후 동 페드루 2세는 프랑스로 이사하여 파리의 벨포드(Beldford) 호텔에서 묵었다. 호텔은 최고급 호텔은 아니었으나 그 나이 때의 사람들이 조용하고 편안하게 쉴 수 있는 곳이었다. 동 페드루 2세는 손님이 찾아오지 않을 때는 독서와 연구 활동으로 시간을 보냈다. 호텔 근처에 나자리노 국립 드서관이 있었는데 동 페드루 2세는 이곳에서 책을 빌려보기도 했는데 책을 빌리기 위해 카드를 작성하면서 난감해했다. 이 카드에는 이름과 직업을 적어야 했는데 자신의 성명을 기록하기에는 카드가 너무 작았다. 특히 직업에 대해 적을 때는 설명할 수가 없었다.

동 페드루 2세는 1891년 11월에 발에 난 상처로 더 이상 외출이 어려워졌으며 폐렴이 악화되었다. 결국 1891년 12월 5일에 브라질의 황제 동 페드루 2세는 영욕의 세월을 뒤로하고 세상을 떠났다. 브라질 황제의 죽음은 참으로 쓸쓸했다. 그는 왕좌를 잃은 왕이었으며, 조국을 떠나 자신의 집도 없는 가난한 신분에 불과했으며 자신의 머리 밑에는 베개만이 놓여 있었다. 자신이 사랑했던 조국, 자유선거를 실시하게 했던 조국, 무혈 개혁을 추진했던 조국 브라질은 이미 자신의 조국이 아니었다. 그러나 그가 베고 있던 베개에는 자신이 그렇게도 사랑했던 조국을 회상하고 안식을 얻기 위해 요청했던 브라질의 흙이 들어 있었다.

7. 공화정부의 등장과 과두지배

공화체제의 등장

공화정치는 왕정을 대체할 정부를 구성하는 것이 가장 중요한 사안이었다. 주정부의 자치권과 연방정부의 통치 수준을 조정하는 작업이 진행되었다. 1891년에 신헌법을 제정하여 프로빈키아(Provincia)에 많은 자율권을 부여했다. 그러면서 중앙정부의 통제가 지방에 미치지 않을 것을 염려하여 지방 올리가키들을 적극적으로 활용했다. 사실 1920년대까지 연방정부는 히우 지 자네이루, 상파울루, 미나스제라이스, 히우그란지두술과 같이 경제력을 지닌 지방 정치인들이 장악했다. 1930년 혁명 이후 지방의 권력을 중앙으로 다시 집중시켰으며 1937~1945년 신국가체제로 중앙집권화가 강화되어 중앙권력은 작은 마을에까지 영향력을 미치게 되었다. 신국가체제 이후 1946년 헌법에 따라 지방정부의 자율권이 일부 회복되었으나 군부정권기간에 지방정부의 자율권이 다시 약화되었다.

브라질 공화정을 수립했던 정치인들은 정통성에 심각한 문제를 안

그림 19) 데오도루 폰세카

고 있었다. 장교들은 브라질의 미래와 왕정에 대한 충성심으로 갈등하고 있었다. 폰세카는 단순히 왕정의 행정부만을 교체하려고 했으나 공화당원들이 그를 공화국의 아버지가 되도록 조종했다.

브라질 공화국은 체제 유지자들이 프랑스와 미국 혁명에서 비롯된 것처럼 가장하려고 했지만 이 두 혁명에 기초한 사상에 기초하고 있지 않았다. 또한 공화정은 선거에서 대중적인 지지를 충분히 받지 못했다. 따라서 군사력에 의해 유지되는 쿠데타로 탄생한 체제였다. 공화당원들은 1889년에서 1891년까지 데오도루를 대통령 자리에 앉히고, 금융위기 이후 플로리아누 비에이라 페이쇼투(Floriano Vieira Peixoto) 원수를 군대의 충성을 확보하기 위해 전쟁부 장관에 임명했다. 사실 브라질 국민들은 자신들의 역사를 만드는 데 있어 방관자였다(정치적, 혁명적 사건에 대해서만 그렇다는 것이다. 역사란 특정한 지역에 거주하고 있는 개개인들의 활동으로 구성된 하나의 공동체적 경험이다). 1890년대 미국, 유럽과 아르헨티나는 투표권을 점점 확대하고 있었다. 그러나 브라질은 이러한 국제적인 경향과는 달리 투표권을 축소시키고 있었다. 브라질 인구 중에 투표권을 가진 사람이 1881년에는 145,296명으로 줄어들었다. 투표인구의 감소가 왕정 몰락 원인 중의 하나였으나 공화정에서도 이러한 상황이 변화되지 않았다. 1910년까지 2,200만 명 인구 중에 627,000명만이 투표권을 가지고 있었다. 1920년대에는 전체인구의 2.3~3.4%만이 투표할 수 있었다.

1890년대의 반란과 불안정은 정부 모델에 대한 엘리트들의 합의가 없었기 때문이었고, 군대는 정치체제와 기구의 목적에 따라 분열되어 있었다. 다른 한편으로 브라질 사회에서 군대의 역할에 대한 엘리트들의 의견충돌과 군대가 효과적으로 통합되어 운영되지 않았기 때문에 군부독재가 장기집권을 할 수 없었다. 이런 면에서 군부엘리트들이 분열되어 제한적이기는 하지만 민주주의 방식이 가능했다. 군인들이 정치에 깊이 관여하고 있어 주지사 20명 중 10명이 군인이었다.

제헌의회는 행정부의 권력을 제한시키려는 세력과 급진적인 권위주의자였던 쟈코뱅당원들 간의 논쟁의 장이었다. 신헌법은 대통령, 상·하원제, 사법부로 이루어진 연방정부를 수립했으나 실질적인 권력은 지방 올리가키들에게 있었기 때문에 그들을 상징적으로 나타내는 대령주의(Coronelismo)에 토대를 두고 있었다.

헌법 제14조는 군대에 대해 규정하고 있는데 육군과 해군으로 편재를 나누고 국가의 법과 질서를 유지하는 최후 수단임을 밝히고 있다. 군장교들은 엘리트들이 자신들을 제대시키는 것을 두려워하여 종신적인 지위를 요구했다. 육군은 체제의 중재자였으며 군장교들은 헌정상으로 유일한 위임엘리트였다. 또한 이 조항은 군대가 대통령에게 복종해야 한다고 요구했지만 법이 정하는 범위 내로 제한시켰다. 이러한 전통으로 인해 1934년과 1946년 헌법에도 이 조항은 삭제되지 않았다. 그러나 1937년 신국가체제 헌법에서 군대는 대통령에게 복종해야 한다고 규정했다.

1891년 신헌법에 따라 이루어진 선거에서 대통령에는 데오도루 다 폰세카, 부통령에는 플로리아누 페이쇼투가 선출되었다. 선거결과 데오도루가 129표, 플로리아누는 153표를 각각 얻었다. 선거를 통해 대통령을 선출했지만 왕정체제 익숙한 정치인들은 권력 분립을 염두에 두지 않았다. 특히, 데오도루 대통령은 의회와 권력을 나누어야 한다는 것을 인정하지 않았다.

1891년 11월에는 히우그란지두술에서 반란이 발생했다. 데오도루는 반대파들을 달래기 위해 부대통령이었던 페이쇼투에게 정권을 이양했다. 철의 장군으로 알려진 페이쇼투가 데오도루를 지지하던 모든 주지사들을 축출하면서 많은 지방에서 반란이 발생했다. 가장 심각한 반란은 1893년에 히우그란지두술에서 발생했는데 공화정에 반대하던 왕정주의적 자유주의자들이 정착해 있던 산타카타리나와 파라나 주로 확대되었다. 동시에 히우의 과나바라 만에서 함대들이 페이쇼투에게 반기를 들었는데 해군의 반란은 남부의 반란과 곧 연계되었다. 주미 대사였던 살바도르 지 멘도사(Salvador de Mendonça)가 미국 승무원들로 구성된 함대를 구성하여 과나바라 만에서 반란을 진압할 수 있었다. 미국 정부는 아메리카 신생 공화국인 브라질과의 무역에 관심을 보이며 외국 용병을 통해 간접적인 방법으로 브라질 내정에 간섭했다.

남부의 연방주의 반란

히우그란지두술 주의 반란은 지역의 권력 경쟁을 하고 있던 공화당과 연방당 간에 1893년에서 1895년에 걸쳐 진행되었다. 히우그란지두술 공화당은 줄리우 지 카스틸류스(Julio de Castilhos)가 이끌고 있었고, 카스틸리스타들인 공화당은 대통령 중심제와 실증주의 실천을 주장했다. 반면 연방당은 1892년에 가스파르 실베이라 마르틴스 (Gaspar Silveira Martins)가 만든 것으르 가스파리스타 혹은 마라가투스(Maragatos)라고도 불리었는데 의회주의와 헌법 수정을 주장했다. 이런 구도는 당시 중앙정부에서도 끊임없이 제기되는 논쟁이었기 때문에 히우그란지두술의 반란은 연방 수도에서 진행되는 정치 논쟁을 옮겨 놓은 것 같았다.

연방당에서는 카스틸류스가 주정부를 강력한 통치에 반대했다. 페이쇼투의 지원을 받아 카스틸류스가 1893년에 정권을 잡았다. 카스틸류스의 집권에 반대하는 무장반란군은 정부군이 강력하게 진압하자 우루과이와 아르헨티나로 피신했다. 연방당의 주앙 누네스 다 시우바 타바레스의 지휘 하에 우루과이 카르핀타리아(Carpintaria)에서 군대를 모집하면서 양측의 긴장은 고조되었다. 우루과이에서 아나 코레리아가 온 후 연방주의자인 구메르신두 사라이바를 만났다. 연방파는 카스틸류의 퇴진과 정부형태를 선택하는 주민투표를 실시할 것을 요구하면서 국경지역을 장악하고 있었다. 중앙정부의 공화체제와 히우그란지두술의 안정을 위협하면서 연방운동은 빠르게 전국적인 규모로 확대되었다. 페이쇼투 대통령도 현 체제를 지지하는 카스틸류스를 지원하기 위해 일포리투 히베이루 장군이 이끄는 군대를 파병했다. 진군하면서 전략적인 우위를 점하려고 군대를 북부, 수도와 중앙부로 나누었다. 이와 동시에 주 경찰병력을 동원하여 반란군들을 진압했다. 초기 전투에서는 연방당이 승리했다. 사라이바 군은 동 페드리투를 향해 진군했다. 여기서부터 공화당이 차지하고 있던 지역을 교란하기 위해 빠른 공격을 펼쳤다. 계손해서 북쪽으로 진격하면서 11월에는 산타카타리나에 이르렀고 파라나 주에 도착해서는 쿠리치바에

그림 20) 가스파르 마르친스

서 60킬로미터 떨어진 라파에 주둔지를 마련했다. 여기서 연방주의자 군대를 물리치지 못하면 반란군이 수도인 히우에 이르는 것은 시간문제였다. 페이쇼투 정부에 대한 무장투쟁을 주도하고 있던 쿠스토지우 지 멜루(Custódio de Melo) 해군 대장이 연방주의와 연대하면서 지금의 플로리아노폴리스인 데스테후(Desterro)를 점령하고 쿠리치바에 도착했다. 정부군은 라파에서 저지선을 마련하고 반란군들에 필사적으로 맞섰다.

1894년 11월에 페이쇼투가 건강악화와 군대 내부의 불화로 상파울루의 커피 엘리트였던 프루덴치 드 모라이스(Prudente José de Morais Barros)에게 정권을 넘겨줌으로써 최초로 민간인 출신 대통령이 탄생했다. 프루덴치는 남부의 전쟁을 종식시키기 위해 협상을 시작했고 반란군과 추방된 장교들을 사면해 주었다. 결국 1895년 8월 23일에 펠로타스에서 협정에 서명하면서 반란은 끝났다. 연방주의 반란은 실패로 끝났지만 브라질 연방정치에 많은 영향을 미쳤다.

북동부의 카누두스의 난

남부에서 연방주의 반란이 있었다면 북동부에서는 신구세주의 운동이라 할 수 있는 카누두스 난이 발생했다. 1896년에서 1897년 사이에 북동부의 바이아 주 내륙에서 시작되었다. 주기적인 가뭄, 만성적인 실업과 비생산적인 라티푼디오로 북동부 지역은 경제·사회적인 위기에 빠져들었다. 수많은 오지인들과 해방 노예들이 안토니우 콘셀레이루(Antônio Conselheiro)가 이끄는 카누두스로 모여들었다. 콘셀레이루는 경제·사회적인 소외와 악조건의 지리적인 환경에서 오지인들을 구해 준다는 믿음을 심어 주었다. 공화정부는 자신들의 계획을 실행하는 데 자금이 필요했고 오지에서도 세입을 징수했다. 노예제가 끝난 지 얼마 되지 않은 상황에서 해방노예들은 대부분이 토지를 소유하고 있지도 않았고 노동의 기회도 없었기 때문에 불량자들이었다. 자신들의 처지를 개선하고 구원해 줄 수 있다는 믿음으로 카누두스에 모여들었다. 카누두스는 바-자-바히스(Vaza-Barris) 강변의 카누두스 농장 주변에 18세기에 만들어진 작은 촌락이었다. 콘셀레이루가 1893년에 도착한 이후 정착민의 숫자가 25,000명에 증가하면서 벨루 몬치(Belo Monte)로 근거지를 옮겼다. 콘셀레이루가 북동부 오지의 구세주로 등장하면서 중앙정부와 주정부는 지도자를 비롯한 카누두스를 제거할 필요성을 느꼈다.

교회와 결탁해 있는 대농장들이 연방정부와 함께 카누두스들을 옥죄기 시작했다. 또한 이들이 이웃 도시를 공격하기 위해 무장하고 있으며 공화정을 무너뜨리기 위해 수도로 진군할 것이라는 루머를 퍼뜨렸다. 이런 루머를 확인하지도 않고 카누두스에 군대를 파견했다. 카누두스를 진압하게 위해 3차례의 원정대를 파견했지만 패배하면서 루머가 사실로 드러났다고 주장했다. 원정대를 파견하는 동안 약 5,000명이 사망했다. 약 17개 주에서 약 12,000명의 군대가 동원되어 4차례에 걸친 원정대를 파견했다. 1897년 7월과 10월 사이에 4,193명이 부상당하는 혈전을 벌여 공동체에 거주하던 많은 사람들을 죽이

그림 21) 카누두스에서 체포된 사람들

고 일부는 체포했다. 결국 전쟁은 카누두스를 완전히 파괴하고 전쟁 포로들을 참수형에 처하고 작은 촌락을 쑥대밭으로 만들었다.

카누두스 공동체는 원주민들의 마을이 파괴되었던 것처럼 파괴되었다. 공화국을 수호한다는 상징적인 의미가 있었지만 브라질 사회의 계층적인 질서에 도전하는 하층민들에게 강력한 경고의 메시지가 되었다. 이런 측면에서 카누두스는 노예제 폐지 이후 사회통제 메커니즘을 형성하는 첫걸음이 되었다.

카누두스는 군인들이 귀환하면서 즉각적으로 정치에 영향을 미쳤는데 귀환한 군인들이 프루덴치 드 모라이스 대통령을 암살하려고 했으나 실패하고 전쟁부 장관을 죽이는 것으로 끝났다. 암살계획은 실패했지만 마누엘 페하스 드 캄푸스 살리스(Manuel Ferraz de Campos Sales)

가 대통령에 당선될 수 있는 토대를 마련해 주었다. 군 내부에서는 페이쇼투 장군에 반대한 세력들이 결집되었으며 군대를 제도화하는 데 많은 관심을 기울였다.

커피와 고무 산업

커피 재배는 20세기 초에서 1930년대까지 브라질에서 가장 중요한 경제 활동이었다. 히우 지 자네이루와 상파울루 주의 파라이바(Paraíba) 계곡에 집중되어 있었는데 상파울투와 파타나 주의 테라로사 토양 지역에서도 생산되면서 약 100년간 가장 주요한 수출품이었다. 18세기에 프란시스쿠 지 멜루 팔레타(Francisco de Melo Palheta) 프랑스령 가이아나에서 밀반입해서 재배되기 시작했다. 브라질이 세계 커피 시장을 주도하면서 국제시장에서 커피 가격을 조정할 수 있었다. 셀수 푸르타투는 브라질 경제의 가장 큰 문제는 농업에 이용 가능한 토지와 노동력이 풍부했던 것이며 획득한 수익이 같은 산업에 새롭게 투자되었던 것이라고 주장한다. 다른 한편으로 세계 수요가 가격과 소비자의 소득에 따라 매우 탄력적으로 움직인다는 것이다. 즉, 이는 커피 수요 증가가 소비국가의 인구 증강에 달려 있다는 한계성을 지니고 있다.

19세기 말부터 커피 생산이 급증했음에도 수요, 특히 국제 수요는 그 같은 증가세를 보이지 않았다. 그래서 커피 가격이 급속도로 하락하기 시작했는데, 예를 들어 1890년까지만 해도 한 포대당 102프랑 하던 것이 1900년에는 40프랑 이하로, 그리고 1905년경엔 33~45프랑으로 급락했다. 커피 가격 하락을 막기 위해 상파울루, 미나스제라이스와 히우 지 자네이루 주지사였던 조르지 치비리사(Jorge Tibiriçá), 프란시스쿠 살레스(Francisco Sales) 닐루 페샨냐(Nilo Peçanha) 등이 커피 가격을 높이기 위해 1906년 2월에 타우바테에서 회동했다. 그렇게 하여 타우바테(Convênio de Taubaté) 협정이 체결되었고 호드리게스 페냐 대통령이 그 협정 내용을 승인했다. 당시 국제시장의 커피가격은 60킬로그램에 45프랑이었다. 커피 재배자들은 55프랑은 받아야 한다고 주장하면서 부족한 10프랑은 정부가 책임져야 한다고 주장했는데 이를 수용한 것이었다. 결국 브라질 정부는 부족한 재원을 충당하기 위해 1,500만 파운드의 외채를 사용했는데 1930년에는 그 규모가 7,500만 파운드에 이르렀다. 만약 커피가 팔리지 않을 경우 정부가 55프랑에 구매해야 했다. 1929년에는 공황으로 2,700만 포대가 팔리지 않았기 때문에 원래대로라면 모두 정부가 구매해야 하지만 1930년 혁명으로 커피경작자들이 권력을 잃으면서 구매하지 않아도 되었다. 문제는 대부분의 농장주들이 정부가 좋은 가격에 커피를 사 줄 것이라 예상하고 커피를 재배했다는 것이고, 대부분이 상품의 질에 상관없이 수확했다는 것이다.

단기적으로 이 정책은 수출업자들의 소득을 보전시켜 주고 국제가격을 유지시키는 데 도움이 되었다. 그러나 중장기적으로 볼 때 이 정책은 이중적인 결과를 낳았는데, 우선은 브라질 커피 가격이 높게 형성되면서 국제 수요가 감소해 가격을 낮춰야 했고, 국제금융시장이 붕괴되면서 정부가 초과 생산된 커피를 흡수하기 위해 도입한 외채가 증가하면서 지불 능력을 상실하게 했다.

고무는 공화정 초기에 아마존 지역에서 고무생산과 수출이 급격하

게 증가하여 커피를 이어 제2의 수출상품으로 성장했다. 고무나무는
아마존에 자생하는 나무였기 때문에 특별히 관리할 필요도 없었을
뿐만 아니라 쉽게 찾을 수 있었다. 고무채취업자들이 나무에서 생고
무액을 추출하여 말리고 고무 공 모양으로 만들면 고무 생산을 위한
1차 재료가 완성된다. 고무는 19세기 말에 알려지기 시작했다. 1839
년 미국의 찰스 굿이어(Charles Goodyear)가 유황과 섞어서 불어서 고
무가 녹는 것을 해결하는 방법을 발견했다. 그때부터 고무는 부품, 구
두밑창, 세계적인 산업이 되었다. 고무 산업이 성장하기 전까지 아마
존에서는 귀금속이나 금광이 발견되지 않았기 때문에 이 지역에는
많은 사람들이 살지 않았고 원주민들이 원래 정착해 있던 지역을 중
심으로 거주했다. 따라서 발견 이후부터 당시까지 브라질 정부의 공

그림 22) 마나우스 오페라 하우스

권력이 미치지 않는 지역이었다.

고무 생산 주기가 아마존의 도시들을 경제·문화의 중심지로 성장시켰다. 아마존 하구에 위치한 벨렝은 고무 집산지이며 수출항으로 성장했고 아마존 밀림의 한가운데 있는 마나우스는 오페라 하우스가 만들어지면서 유럽의 유명한 오케스트라들이 공연하는 문화 공간이 되었다. 고무나무를 소유하고 있는 많은 대농장주들이 백만장자가 되었고 마나우스와 아마존 하구의 벨렝에는 아름다운 대저택들이 들어섰다.

고무 채취 산업이 성장하면서 아마존을 둘러싼 경계를 놓고 국제적인 분쟁이 발생했다. 브라질 고무채취업자들이 더 많은 고무 채취를 위해 볼리비아 영토까지 들어가면서 19세기 국경문제로 인한 분쟁을 야기했다. 브라질 정부는 고무 생산을 위해 모든 것을 이용하도록 했으나 아크리(Acre) 문제에 대해서는 우려를 나타냈다. 히우 브랑쿠(Rio Branco) 백작이 외교력을 발해 1903년 11월 17일에 페트로폴리스 조약(Tratado de Petrópolis)을 체결했다. 이 조약으로 브라질이 실효적 지배와 영유권을 가지는 것으로 결정되었다. 브라질은 볼리비아에 마투그로수의 일부, 200만 파운드와 마데이라(Madeira) 강을 지나는 철도 건설과 파라 주의 벨렝을 통해 볼리비아가 대서양 항구를 이용할 수 있도록 해 준다는 조건으로 영유권을 확보했다. 이런 역사적인 배경 때문에 아크리의 수도명이 히루 브랑쿠가 되었다.

브라질산 고무는 영국이 서남아시아에서 고무를 생산하기 전까지 국제시장을 독차지했다. 영국이 등장하고 국제가격이 급격하게 하락하면서 브라질산 고무는 시장 점유율을 점점 잃어갔다. 고무채취업자들이 떠나면서 아마존 경제는 다시 불황에 빠져들었다. 고무 산업은 불모지로 여겨졌던 아마존 정글이 경제발전에 큰 도움이 될 수 있다는 것을 보여주었으며, 아크리를 포함한 브라질 영토를 확장시키는 계기가 되었다.

밀크커피 정치

구공화정은 농업 올리가키가 지배하는 패트론−클라이언트 정치 메커니즘이 작동하는 시기였다. 당시의 정치체제는 현실적으로 지방 보스들 간의 "쓰이지 않은 합의"에 의해 이루어졌으며 이들은 주정부의 자율성을 강조하는 대령주의(Coronelismo)를 형성하고 있었다. 가히 주지사들의 정치라 할 만했다. 밀크커피(Café com Leite) 정치는 인구와 경제력에서 앞서 있었던 상파울루와 미나스제라이스 주가 공화국 정국을 결정하는 구조였다. 초대 대통령에 상파울루 주 출신이 선출된 이후 대통령은 두 주에서 번갈아가며 차지했다.

주지사들의 정치는 제1차 세계 대전까지는 비교적 평화스럽게 유지되었다. 또한 도시는 번영을 누르고 있었다. 육상교통이 부족하여 군대의 효율성, 정치적 결속력과 국내 경제통합에 어려움을 겪고 있었다. 북동부는 국제시장에서 설탕 수출이 카리부 지역의 설탕이 밀리면서 정치적 영향력도 점차 감소했다. 아마존 지역에서 시작된 야생 고무 붐은 1912년 동남아시아의 식민지 플랜테이션과의 경쟁에서 밀려나고 있었다. 남부의 국내시장 지향 시장경제가 빠른 성장을 보이지는 않았지만 1920년대까지 성장이 유지되어 히우그란지두술의 정치권력은 강화되었다. 실질적인 정치권력은 상파울루, 미나스제라이스와 히우 지 자네이루의 남동부 커피 재배자들에게 집중되었다. 당시 남동부의 3개 주와 히우그란지두술이 브라질 농작물의 60%를 생산하고 있었으며, 산업과 고기생산에서는 75%, 은행자금의 80%를 과점하고 있었다.

민족주의와 모더니즘

제1차 세계 대전 이전까지 도시 중산층과 상류층에서 민족주의가 나타나기 시작했다. 이러한 민족주의는 히우 지 자네이루를 세계의 중심으로 성장시키려는 브라질 엘리트들의 의지가 담겨져 있었다. 정부가 허약했음에도 불구하고 여전히 특권과 후원이 유지되었다. 히우의 공중위생 프로젝트와 도시 중심지의 리모델링은 히우 지 자네이루를 국가의 수도로서, 항구로서의 면모를 갖추게 했다. 이러한 계획의 실행으로 엘리트들은 세계에서 브라질의 지위가 상승하고 있다고 생각했다. 1905년에 히우의 대주교가 라틴아메리카에서 최초로 추기경에 임명되었다. 1904년에는 범미주회의를 개최했으며, 1907년에는 제2차 헤이그 평화회의에 유명한 대표를 파견했다. 그리고 국경문제에서 외교력을 동원하여 유리한 조건으로 협상을 이끌었다. 군사력을 증강하기 위해 드레드노트형 군함 2척을 구입했다. 국제무대에서 브라질의 위상이 전체적으로 높아졌다. 셀수(Afonso Celso)는 이러한 변화들을 보며 브라질의 위대함이 태동하는 시기라고 주장했으며 세계 1위나 2위의 차지하게 될 것이라고 평가했다.

모더니즘 운동은 브라질 사회와 예술적 영역에 대해 강력한 반향을 불러일으킨 문화운동이었다. 특히 문학과 미술 분야에서 특징적으로 나타났다. 제1차 세계 대전 이전 유럽의 아방가르드에 영향을 받은 예술과 문화 현상에 동화되었기 때문이다. 기존의 모든 질서를 부정하고 새로움과 속도를 추구하는 규비즘, 미래주의와 같은 유럽 문화 사조에 영향을 받았다.

1922년에 상파울루에서 개최된 현대예술주간(Semana de Arte Moderna)이 모더니즘의 출발을 알리는 행사였다. 그러나 모든 참가자가 모더니스트들은 아니었다. 예를 들어 모더니즘 이전의 사조를 대표하는 그라샤 아란냐(Graça Aranha)가 연사로 참여하고 있었다. 이렇게 시작된 모더니즘은 3단계를 거쳐 발전했다. 첫째는 기존의 모든 것들에 반대하는 급진적이고 강력한 모더니즘, 둘째는 낭만주의와 시로 대표되는 단계, 셋째는 포스터모더니즘으로 구분된다. 현대예술주간은 2월 13일, 15일과 17일에 시립극장에서 개최되었는데 매일 미술, 조각, 시와 문학 그리고 음악으로 나누어 진행되었다.

다시 시작된 남부의 게릴라전

도시 엘리트, 지식인과 신문 편집인들에게 인식되었던 브라질의 질서와 진보의 비전은 남부의 무정부적인 오지인들에 의해 도전을 받게 되었다. 1914년 8월에 산타카타리나의 콩테스타두(Contestado) 지역에서 분쟁이 폭발했다. 대토지 소유자들과 정착민들 간의 게릴라 전쟁이었다. 브라질 정부와 경찰력은 당연히 대농장주들을 지원했다. 토지 분할과 관련되어 있는 것이었기 때문에 국가 체제를 거부하고 브라질 현실을 재구성할 것을 요구했다. 카누두스와 마찬가지로 주와 연방정부는 무력으로 진압했다.

남부 지역 경제는 가축, 마테 차 채집, 벌목이 중심이었고 소수의 대령에게 부와 권력이 집중되어 있었다. 대부분의 가족들은 대령들의 관용으로 불안정한 토지를 이용하고 있었다. 산타카타리나와 파라나의 사법권 분쟁은 각주가 동일한 토지에 대해 증서를 발급하면서 발생했는데, 이민자들을 비롯한 많은 사람들이 이 지역으로 모여들었다. 상파울루-히우그란지두술의 철도건설과 미국의 자본가 퍼스벌 파쿼(Percival Farquhar)가 추진하는 벌목과 식민화 작업이 일촉즉발의 상황을 더욱 악화시켰다. 철도와 목재 채벌을 담당하고 있던 회사가 토지를 징발하고 유럽 이민자들이 들어오기 시작했다.

이 지역에서 오랫동안 가족과 함께 생활해 왔던 사람들은 갑자기 자신의 땅을 빌려 주거나 팔아야 했다. 또한 1910년에는 아르헨티나와의 전쟁 가능성이 높아지자 정부 관료들은 철도건설에 박차를 가하여 노동인력을 8,000명으로 증가시켰다. 철도 건설을 빨리 마무리하기 위해 외국인 노동자와 근대 기술들이 도입되면서 많은 변화가 발생했다. 지방의 대령들이 권익을 보호하기 위해 온정주의적인 관계를 포기하면서 그 휘하에 있던 많은 사람들이 그동안 살아왔던 지역을 떠나게 되었다. 갑작스러운 지역 이탈로 많은 사람들이 갈 곳을 잃고 헤매고 있을 때 신앙 요법가였던 미겔 루세나 보아벤투라(Miguel Lucena Boaventura)가 등장했다. 콩테스타두 사람들에게 주제 마리아(José Maria)로 알려졌는데, 추종자들은 그의 죽음을 받아들이지 않았으며 그가 살아 있거나 다시 살아날 것이라고 믿었다. 그의 이야기는 포르투갈의 세바스티앙주의에 영향을 받은 것으로 보인다.

철도건설 현장과 벌채현장에 대한 공격, 연방정부와의 협상 실패가 1912년 전쟁을 확대시켰다. 1915년에는 6,000명의 보병과 현대적인 대포와 기관총을 동원한 전쟁으로 발전했으며 급기야 브라질 전쟁에서 최초로 비행기가 사용되었다. 전쟁은 점점 다른 지역으로 확대되었으며 약 20,000명의 광신자들이 요새를 구축하고 있었다. 1917년에 가서야 반란이 진압되었다.

전쟁이 끝나고 고급장교들이 소장파 장교 운동을 만들어 운영하면서 10년 동안 국내 현안들에서 주도 역할을 했다. 군부의 개혁주의적 비판은 1922년의 코바카바나 반란으로 시작된 1920년대의 소장 장교 운동의 밑받침이 되었다. 구세주의 운동과 콩테스타두들은 주정부의 내부 문제에 중앙정부가 깊이 관련하게 되는 계기를 마련했다. 정치적 개입과 반대파에 대한 억압의 유산은 군대의 의미를 실추시켰으나 중앙정부의 권력을 확대시켰다.

세계 대전과 브라질

제1차 세계 대전이 발발했을 때 브라질은 콩테스타두에 군대의 1/2이 매달려 있었다. 유럽의 전쟁은 브라질 군대에게는 외형적인 변화를 가져왔다. 브라질 군대는 독일에서 훈련받은 장교들이 전체의 2/3를 차지하고 있어 독일의 군사훈련과 군사조직을 수용하고 있었으나 상파울루와 파리의 압력으로 프랑스와 군사적인 협력관계를 체결했다. 독일의 잠수함 공격으로 상선이 침몰하자 선전포고를 하고 연합군 측으로 참전했다. 이와 함께 유럽으로 파견할 군대를 소집했으나 장군들은 준비가 되지 않았다는 이유로 유럽으로 군대를 파견하는 것을 거절했다.

범미주의가 국제적 위상을 높이는 돌파구가 되었으나 아르헨티나가 브라질 군사력 증강에 대해 의구심을 가지고 있었다. 의무병제, 병영 건설, 현대 무기의 구입, 프랑스와의 군사협력 체결, 미국 해군의 작전 등이 아르헨티나에게는 위협이었다. 사실 남미 패권국가로서의 위상을 굳건히 하고자 했으나 내부의 합의가 이루어지지 않았고 외부적으로는 아르헨티나의 심한 견제로 쉽게 자신들의 의도를 드러내지 않았다. 파라과이 전쟁 이후 또다시 브라질과 아르헨티나 간의 긴장이 야기되었다.

1차 세계 대전으로 무역은 분명히 위축되었지만 산업생산은 대체적으로 증가했다. 정부는 수입대체의 필요성을 강조하면서 방직과 같은 경공업을 중심으로 산업화를 시작했다. 당시 공장들은 대부분 평균 노동자가 21명 이하의 소규모였다. 1920년에는 상파울루와 히우지 자네이루에는 약 100만 명의 도시 노동자들이 모여 있었다. 수입대체산업화 산업화가 시작되고 있었지만 여전히 약 630만 명이 농업에 종사하고 있는 농업 국가였다.

산업화와 도시화로 경제는 빠르게 팽창하고 있었지만 도시 노동자들의 노동과 생활 조건은 매우 열악했다. 주택, 교통, 하수도와 상수도 공급이 빠른 인구성장을 쫓아가지 못했고 심각한 공공 보건 문제를 발생시켰다. 히우 지 자네이루, 상투스와 북동부 항구 도시에서 황열병, 말라리아와 천연두가 자주 발병하여 청결캠페인이 추진되었다. 도시 중심지는 비교적 안전하였으나 파벨라를 비롯한 많은 사람들이 거주하는 도시 외각에서는 모든 종류의 질병들이 발병했다.

호베르투 시몬센(Roberto Simonsen)과 같은 민족주의적 경제학자들은 개별 노동자들이 노동조합에 가입하는 것을 막기 위해서는 인센티브를 개선해야 한다고 주장했다. 1920년대 로마 가톨릭교회는 청년 가톨릭 노동자 연합을 결성했으며 고통과 평화에서의 신의 의지를 수용하는 성가족을 설교했다. 1930년까지 교회사회, 민간단체, 공장이 지원하는 사교클럽과 정부 관료들은 노동자 조직을 통제하는 데 많은 노력을 기울였다.

새로운 이민 물결

연방과 주정부들은 커피대농장에 노동자들을 제공하기 위해 이탈리아, 포르투갈, 스페인, 독일과 일본의 이민을 지원했다. 그러나 많은 이민자들은 열악한 환경을 벗어나 더 많은 기회가 제공되는 도시로 이주했다. 이로 인해 공장노동자들은 임금 인상을 위한 노조를 결성하는 데 어려움을 겪게 되었다. 대부분이 방직과 의류 산업에 종사하고 있던 여성들은 근무환경 개선, 성적 학대의 제거와 임금인상을 위한 조직을 결성했다. 1903년, 1906년, 1912년, 1917년에 많은 파업이 발생했는데, 대부분이 히우 지 자네이투, 상파울루, 헤시피, 산투스와 포르투알레그리에서 진행되었다. 산업자본가들의 사고방식이 노예제 기간에 기초하고 있었고, 수익률이 낮았기 때문에 파업과 노조활동을 하는 노동자들을 해고하는 것으로 대응했다. 또한 산업자본가들은 분쟁을 야기하는 사람들의 인명록을 작성했으며, 공장을 통제하기 위해 무장한 자객들을 고용했고, 정부에 노동자 조직의 활동을 진압할 것을 요구했다. 이러한 대응으로 칠레와 멕시코와 같은 대규모의 대량학살은 없었지만 많은 물리적인 폭력이 자행되었다.

　브라질의 이민 수용은 특성에 따라 크게 1850년대 이전, 1850년대에서 1890년대, 1890년대에서 1930년대, 1930년대에서 1960년대로 구분하는 것이 가능하다. 이런 구분은 브라질 사회의 변화에 따라 수용정책의 변화, 이민 출신 국가의 변화, 그리고 이민 규모의 변화에 따른 것이다. 사실 이민에 가장 많은 영향을 미치는 것은 내전, 지역분쟁, 종교적 갈등, 민족 분쟁, 경제 위기 등의 이민 출신 국가들의 국내 상황이다.

　1890년대에서 1930년대가 가장 많은 이민이 들어온 기간이다. 사실 이전시기까지는 엄격하게 인종적·문화적 백인화를 위해 이민을 수용했다고 보기는 어려운데 공화혁명이 시작되던 1880년대 중후반부터 인종과 종족적 접근을 시도하면서 유럽인 중심의 이민 수용정책을 추진하게 된다. 아래 표1은 1880년에서 1969년까지 10년 단위의 이민자들의 구성을 보여준다. 1890년까지는 유럽인들만 이민으로 수용하고 있는 것을 알 수 있는데 이런 현상은 역시 과학적 인종주의에 따라 브라질 민족을 백인성으로 규정하면서 그 민족성을 발전시키기 위한 전략의 결과였다. 이민자들의 수용에 대해서도 좀 더 구체적인 법령과 정책들을 제시하기 시작하는 것도 이때부터이다.

표 1〉 1880~1969년 이민자 분포

구분	포르투갈	이탈리아	스페인	독일	일본	중동	기타
1880~1889	104,690	277,124	30,066	8,901	−	−	17,841
1890~1899	219,353	690,365	164,293	17,084	−	4,215	103,017
1900~1909	195,586	221,394	113,232	13,848	861	26,846	50,640
1910~1919	318,481	138,168	181,651	25,902	27,432	38,407	85,412
1920~1929	301,915	106,835	81,931	75,801	58,284	40,695	181,186
1930~1939	102,743	22,170	12,746	27,497	99,222	5,549	62,841
1940~1949	45,604	15,819	4,702	6,807	2,828	3,351	34,974
1950~1959	241,579	91,931	94,693	16,643	33,593	16,996	87,633
1960~1969	74,129	12,414	28,397	5,659	25,092	4,405	47,491
합계	1,604,080	1,576,220	711,711	208,142	247,312	140,464	671,035
비율	31%	30%	14%	4%	5%	3%	13%

출처: Jeffrey Lesser(1999), Negotiating National Identity: Immigrants, Minorities and Struggle for Ethnicity in Brazil, London, Duke University Press, p.8.

1890년 6월 28일에 발표한 법령 528호가 브라질의 이민 수용 태도를 그대로 반영하고 있는데, "건강하고 노동할 수 있는 사람들의 이민을 허용한다. 이와 같은 조건을 충족하거나 의회의 승인을 받은 사람외의 아시아와 아프리카 원주민의 유입을 제외한다."고 명시했다. 브라질 외교관과 영사들은 이 대륙으로부터 이민을 급파하는 것을 모든 수단을 동원하여 저지해야 했다. 그렇게 할 수 없을 경우에는 연방정부에 전보로 즉시 통보해야 할 의무를 지고 있었다. 이런 정책에 따라 백인화 이데올로기를 실현할 수 있는 이탈리아, 스페인, 독일 등에서 많은 이민자들을 수용했다. 백인들이 많이 유입되면서 한편으로는 브라질의 유럽화와 백인화가 촉진된다는 측면에서 긍정적으로 평가되었지만, 1916년 'Revista do Brasil'을 통해 민족적 정체성에 대한 재고의 필요성이 제기되었다. 주제 베리시무(José Verissimo)는 모더니즘을 통해 테일러리즘과 농업의 근대화를 주장했다.

　브라질 엘리트들이 이민자들을 노동자로만 바라보던 것에서 브라질의 민족성을 형성하는 데 중요한 인종적·문화적 측면을 고려하기 시작했다는 것을 의미한다. 이런 사실을 잘 보여주는 사례는 마투그로수 개발 사업이다. 1921년에 토지를 개발하고 정착을 확대하기 위해 개발업자에게 토지를 양허했다. 그런데 당시 신문에 개발업자가 미국의 흑인을 브라질로 이민 보내려고 하는 조직과 연계되어 있다는 사실이 보도되었다. 주지사는 이 소식을 듣고 즉각 양도를 취소하고 브라질 외무부에 이 사실을 알렸다. 이런 배경 때문에 안드라지 베제하(Andrade Bezerra)와 신신나투 브라가(Cincinnato Braga)가 흑인들의 브라질 유입을 금지시키는 법안을 발휘하여 강력하게 추진했다 (Skidmore, 1993, 192~193). 결국 1907년의 이민법 제5조는 흑인들의 이주를 원천적으로 금지시키고 동양인은 전체 이민자 비율의 3%를 넘지 못하게 했다.

8. 제툴리우 바르가스와 브라질

1930년 혁명과 바르가스의 등장

1889년 공화혁명처럼 1930년 혁명도 1920년대 아주 힘든 조정기간을 거쳤음에도 불구하고 누적된 불만이 표출되었다. 1930년 혁명의 지도자였던 제툴리우 바르가스(Getúlio Dorneles Vargas)는 1930~1934년까지 임시대통령으로서 집권했으며, 1934~1937년까지 의회에서 선출된 대통령으로서 집권했고, 1937~1945년까지는 독재자로서 집권했다. 또한 자신의 독재체제가 붕괴되고 민주주의 체제가 수립된 후인 1946년에는 상원의원에 당선되어 여전히 정치권력을 유지하고 있었다. 결국 1951년에 자유선거를 통해 다시 한 번 대통령이 되었으나 1954년 자살로 생을 마감했다. 제1공화정 기간 중앙정부와 끊임없이 마찰을 빚었던 히우그란지두술의 정치 명문가 출신으로 정치에 입문한 그는 후원과 수혜주의를 통해 성장했으나 국가발전을 위한 비전을 보여주었다.

1929년에 워싱턴 루이스 대통령 집권 시 세계 경제는 미국의 대공황으로 불황에 직면해 있었고 브라질 경제도 공장 폐쇄와 실업자 증가로 경제적 위기와 함께 사회적 불안과 혁명의 위기에 내몰리고 있었다. 또한 1891년 헌법에 따라 중앙정부의 권력이 지방으로 분산되어 각 주의 자치권이 상대적으로 크게 강화되었다. 1920년대에 들어와 소장파 장교들이 군부 내의 개혁을 빌미로 사회 개혁 및 선거 개혁을 위한 일련의 혁명을 일으켰다. 이와 함께 투표가 기명투표로 이루어지고 사법부가 아닌 입법부가 선거를 관리하는 제도 때문에 각종 부정선거와 타락선거가 이루어지고 있었다. 이런 배경에서 20년대는 혁명의 전운이 감도는 10년이었다.

1930년 혁명은 표면적으로 선거부정에 대한 것이었다. 워싱턴 루이스 대통령이 같은 주 출신의 줄리우 프레스치스를 후보로 지명했고, 대통령 선거에서 당선되면서 혁명의 기운이 브라질 전역으로 퍼져 나갔다. 선거제도에 불만을 가진 미나스제라이스 출신 정치인들은 당시 중앙 정치권에서 소외된 히우그란지두술 출신의 정치인들과 연합을 결성하여 자유연맹(Aliança Liberal)을 만들어 바르가스를 대통령 후보로, 주앙 페소아를 부통령 후보로 추대했다. 자유연맹은 시케이라 캄푸스, 주앙 알베르투, 주아레스 타보라와 미구엘 코스타와 같은 테넹치스라고 하는 소장파 장교들과 도시 중산층의 지지를 받았다. 대통령 선거는 예정대로 1930년 3월 1일에 실시되었으며 상파울루 출신인 줄리우 프레스치스가 당선되었다. 자유 연맹은 프레스치스의 승리는 대통령의 비호와 부정 선거 결과라고 주장하면서 선거 결과를 인정하지 않았다. 또한 선거에서 당선된 자유 연맹의 하원의원들은 항의의 표시로 자신들의 의원 자격을 포기했고, 바르가스의 히우그란지두술을 토대로 한 모반을 기획했다. 표면적으로는 대통령 선거였지만, 사회적으로는 중간계급의 성장, 소장장교 운동의 출현, 부르주아지의 출현, 노조 운동 등에 의해 추진되었는데 무엇보다도 구공화국 체제에 대한 불만이 가장 중요한 요인이었다. 따라서 혁명은 바르가스를 지도자로 한 자유연맹이 프레스치스를 중심으로 한 보수주의자들을 격퇴시키는 구도로 이루어졌다.

그림 23) 제툴리우 바르가스

이러는 동안 1930년 7월 26일에 주앙 페소아가 헤시피에서 주앙 단타스에 의해 암살당하는 사건이 발생했다. 이 사건을 계기로 10월 5일에 히우그란지두술에서 오스왈두 아랑냐와 플로레스 다 쿠냐 등 50명이 무장반란을 일으켰으며 수도인 히우를 향해 출발했다. 이와 함께 북동부 지역은 주아레스 타보라가 혁명을 주도하며 주지사들을 축출하고 연방수도가 있던 남동부지역으로 진군했다. 바르가스는 10월 10일에 히우그란지두술에서 연방 수도로 향하는 열차에 함께 올랐다. 그는 자유연맹에 의해 대통령 후보로 추대되었기 때문에 자연스럽게 1930년 혁명의 지도자가 되었다. 바르가스 군대는 파라나 주의 이타라레(Itararé)에서 연방 정부군과 마주쳤으나 교전하지 않았으며 남부 주들을 거쳐 11월 3일에 히우에 도착했다. 이 와중에 히우에 주둔하고 있던 타수 프라고주, 메나 바헤투 장군과 해군대장 이자이아스 지 노롱냐는 워싱턴 루이스를 몰아내고 임시정부위원회를 구성했다. 사실 1930년 혁명은 군부의 지지를 받고 있던 정치인들과 소장파 장교들의 지원을 받고 있었기 때문에 혁명적인 성격보다는 군부

쿠데타의 성격을 더 강하게 지니고 있었다. 그럼에도 불구하고 1930년 혁명은 반봉건과 반제국주의의 기치를 걸고 있었고, 브라질의 역사적 전환점에 발생했다는 측면에서 혁명적 성격을 인정받고 있다. 이러한 사상적인 측면들은 1930년 이후 시작된 바르가스의 임시집권과 1937년 신국가체제의 정치제도에 그대로 반영되었다.

1930년 11월 3일에 개최된 위원회는 바르가스를 임시 정부의 대통령으로 추대했다. 이에 따라 정부 장관들이 임명되었는데 무역, 산업과 노동부 장관에는 린돌푸 콜로르, 교육부 장관에 프란시스쿠 캄푸스, 사법부 장관에는 오스왈두 아랑냐가 임명되었다. 1930년대 초반 브라질 정치는 유럽과 같이 급진화되었는데 좌익은 루이스 카를루스 프레스치스를 중심으로 인민전선을 동원하기 위해 자유연합(Aliança Nacional Libertadora)을 결성했고, 1932년에는 통합주의라고 하는 파시즘 운동이 플리니우 살가두를 지도자로 하여 브라질 통합행동(Ação Integralista Brasileira)을 결성했다. 비로소 브라질 정치에서도 이데올로기 논쟁이 시작되었다. 또한 혁명정부가 조각되고 있던 1932년에 상파울루에서 헌정혁명이 발생했다. 이 혁명은 상파울루 올리가키들에 의해 주도된 운동으로 연방 헌법을 다시 제정할 것을 요구했다. 그들은 대령주의에 통제되는 선거로 권력을 장악하려고 했다. 그러나 혁명은 진압되었으며 바르가스는 1933년 5월 5일에 제헌의회 구성을 위한 선거를 실시했다. 제헌의회에서는 1934년 7월 16일에 신헌법을 공표했으며, 이에 따라 간접 선거를 통해 의원들이 선출되었고 바르가스는 대통령에 당선되었다.

사실 바르가스는 1930년 혁명 이전까지는 브라질 정치에 많은 영향력을 미치지 못했다. 그러나 혁명 직후 대통령 후보로 지명되어

1930년 혁명에서 주도적인 역할을 하면서 브라질을 통치할 지도자로서의 면모를 갖추게 되었다. 그의 성장은 히우그란지두술 주의 정치인들의 정치적 야망을 대신하고 있었고, 군 출신이어서 소장파 장교들로부터 지지를 받을 수 있었기 때문에 가능했다. 대통령에 취임한 이후 구공화정의 정치적 혼란은 브라질의 분권적인 연방주의에서 비롯되었다고 판단하고 브라질을 통합시키려 했다. 이를 달성하기 위해 그는 정치적 동맹을 맺었던 미나스제라이스를 제외한 모든 주의 주지사를 교체했으며 중앙정부의 행정력을 강화시켰다. 또한 현대적 의미의 많은 국가기구들이 설치되었다. 바르가스의 국가 행정력 강화는 브라질 현대 정부와 정치의 시작으로 평가된다.

1930년 11월의 시점에서 1930년 혁명을 파악하면 독립 이후 브라질 정치를 지배해 온 엘리트들 간의 권력투쟁이었다. 바르가스는 권력투쟁에서 왕정기간에 왕이 담당했던 중재자 역할을 맡았다. 바르가스가 중재자로 대두될 수 있었던 것은 1930년 혁명이 과두정치를 종식시키지 못했고 오히려 엘리트 집단들이 서로 정치적 타협과 흥정에 의존하고 있었기 때문이었으며, 바르가스 자신이 히우그란지두술의 올리가키였다는 공통점 때문이었다. 그럼에도 불구하고 1930년 혁명은 1890년대 이후 계속되어 온 공화정 체제의 종말을 가져왔다는 것과 정치체제의 기반을 수정해야 한다는 것에서 이전의 권력투쟁과 구별된다.

이와 같은 권력투쟁으로 혁명 이후의 정치구도는 혁명파와 비혁명파로 양분되었다. 혁명파는 구체제를 붕괴시킨다는 포괄적인 합의점은 지니고 있었으나 뚜렷한 정치 프로그램을 지니고 있지 않았고 두 그룹으로 나뉘었다. 첫 번째 그룹은 자유선거, 헌정과 시민의 자유를 인정하는 이상적인 자유주의를 지향하는 혁명파였는데 상파울루 주의 정치인들이 대부분을 차지하고 있었다. 이들은 1926년 상파울루 민주당(Partido Democrático de São Paulo)을 창당했으며 캄피나스에서 공화주의 반란을 주도했다. 두 번째 그룹은 국가 재건과 근대화를 주장하는 민족주의자들이었다. 이들 중 일부는 근대화를 위해서는 비민주적인 정치형태를 수용해야 한다고 주장했다. 민족주의자 그룹은 1921년과 1924년 히우와 상파울루에서 구공화정의 정치체제에 도전했던 소장파 장교들로 브라질 사회 전반의 변화를 요구했다. 따라서 민족주의자들은 엘리트적이고 반정치적인 것들을 주장했다. 또한 근대화는 비정치적인 테크노크라트들에 의해 단기간에 이루어질 수 있다고 믿었으며, 근대화를 추진하기 위해서 강력한 리더십을 지닌 지도자가 필요하다고 파악했다. 바르가스 체제의 가장 강력한 지지자들이었으며 '10월 3일 그룹'을 통해 자신들의 입장을 명확히 했었다. 그 외 혁명세력은 파편화되어 있었는데 주로 좌익성향을 보였다. 새롭게 등장한 노조운동의 경우 무정부주의자, 트로츠키스트, 공산주의자들과 급진파로 인해 왜곡되어 있어 정치세력화되지 못했다.

비혁명파는 군의 예산증가와 무기구입을 주장하는 고급장교 그룹, 커피 수출을 위한 고정환율제를 주장했던 커피 대농장주, 혁명을 자신의 개인적인 목적으로 이용하려는 일부 정치 엘리트 세 그룹으로 나누어져 있었다. 이러한 다양한 당파들이 존재했기 때문에 바르가스는 각 그룹의 정치적 이익을 조절하는 것이 필요했다.

결국 바르가스의 초기 집권은 다양한 엘리트 집단의 이익을 조절하는 느슨한 연합체의 성격을 띠고 있었다. 표면적으로는 노동자들의 권리와 사회투자가 확대된 것으로 보였지만 강력한 민족주의적인 성격을 지니고 있었으며 산업 생산을 증가시키기 위한 것이었다. 이렇게 바르가스는 자신의 정치적 지지기반을 확보하기 위해 다양한 계층에게 혁명 이후의 정치적 이익을 확대했다. 결과적으로 바르가스의 정치 연합은 부르주아지, 대농장주, 지식층, 소장장교, 여성그룹, 브라질 흑인 전선(Brazilian Black Front), 노동자 계급과 외국 자본가들로 구성되었다. 이러한 정치행위자들은 일반적인 정치 환경에서는 상호 대립적인 관계를 형성하고 있었기 대문에 당시 브라질 정치체제가 어떤 형태를 추구해야 했던가를 잘 보여준다. 바르가스는 집권 이후 모든 분파들이 수용할 수 있는 경제발전을 추진하기 위해 민족주의와 수입대체산업화를 선택했다. 바르가스는 세제감면, 수입쿼터와 소비세 삭감을 이용한 국가개입주의 정책으로 산업시설을 확충할 수 있었고, 이러한 정책으로 집권초기 소장파 장교와 하급 장교들의 지원을 받았다. 기본적으로 소장 장교들은 으랫동안 브라질을 지배해온 커피 농장주들의 지배에 반대했었는데 이러한 논리는 바르가스의 정치 이데올로기와 연정에 그대로 이전되었다.

혁명정국이 일부 안정을 찾은 1934년 7월 바르가스는 의회에서 대통령으로 선출되었는데 임기는 1938년 1월 직접선거에 의한 대통령이 선출될 때까지였다. 그는 국가안보를 강조하여 좌익성향의 정치활동을 제한하기 위해 1935년 12월 국가비상사태를 선포하고 헌법을 수정했다. 이 헌법수정으로 대통령은 공두원을 해고할 수 있는 권한을 지니게 되었고, 군에 대한 바르가스의 통제권이 강화되는 등 대통령에게 강력한 권력이 부여되었다. 또한 구공화정에서 문제가 되었던 선거제도를 개선하여 중앙 선거 관리 위원회를 신설하고 이 기구를 통해 보통·비밀선거, 여성의 참정권 인정, 대통령 간접선거를 실시했으며 노동부를 신설하여 노동자의 권리를 옹호했다.

1938년 대통령 선거가 다가오면서 상파울루 올리가키들은 아르만두 살레스 지 올리베이라(Armando Sales de Oliveira)를 후보로 내세웠고, 주제 아메리쿠 지 알메이다(José Americo de Almeida)가 입후보했다. 알메이다는 선거운동에서 중산층의 지지를 받기 위해 노력했는데, 그의 과거 경력 때문에 정부여당의 후보로 여겨지기도 했다. 이와 같이 선거운동이 진행됨과 동시에 바르가스의 측근들은 좌·우익의 극단적인 대립상황에서 브라질을 구할 수 있는 것은 바르가스뿐이라고 주장하기 시작했다. 바르가스는 주요 주의 지도자들과의 협상을 통해 선거운동을 준비하는가 하면 다른 한편으로는 이들을 분열시키기 위한 전략을 동시에 추진했다.

오랫동안 집권하면서 다양한 정치 리더십을 보여주었다. 첫째, 1930년에서 1937년까지로 혁명 이후 혼란한 정국을 조정하는 조정자 혹은 중재자로서 능력을 보였다. 그러나 의회에서 대통령으로 선출되면서는 독재체제를 수립하기 위한 모반자의 이미지를 보여줬다. 둘째, 신국가체제 기간으로 독재자로서의 면모를 명확하게 보여주었다. 바르가스는 독재체제를 유지하기 위한 수단으로 조합주의(Corporatism)[3] 체제를 선택했는데 이를 통해 상파울루의 산업노동자, 농업프롤레타리아, 부르주아와 연대를 형성했다. 이러한 정치적 기반은 1950년 선거에서 승리하는 데 결정적인 영향을 미치게 되었다. 셋째, 1943년 신국가체제가 붕괴되고 1954년 사망할 때까지로 대중적 지지를 확보할

---

3) 인간, 사회, 정체에 대한 권위주의적이고 유기적인 관점이 반영되는 정치적 문화와 제도들의 체계를 말한다. 조합주의적 체계에서 정부는 모든 결사체들을 통제하고 지도하는데, 이는 정부가 집단존재에 대한 필수조건인 사법적 인정을 허가 또는 규제할 뿐만 아니라, 그것이 없다면 어느 부문도 생존하거나 성공하지 못할 공식적 기금과 편의에 대한 접근을 관리하는 권력을 행사하기 때문이다.

수 있는 민주적인 지도자로서의 이미지를 보여주었다.

혁명과 반혁명

1932년에 상파울루에서 1930년 혁명의 조치들에 반대하는 헌정주의 혁명이 발생했다. 상파울루 주를 중심으로 일어난 이 혁명은 학생, 의사, 기술자, 변호사, 공장 직공, 철도 공무원, 택시 기사 등 15세에서 60대 노인까지 참가하는 혁명으로 참여의 범위가 매우 넓었다. 주동자는 베르톨두 크링게르(Bertoldo Klinger) 장군이었으며 혁명 기간 동안에 마리우 마르틴스 지 알메이다(Mário Martins de Almeida), 유클리지스 부에누 미라가이아(Euclides Bueno Miragaia), 두라우지우 마르콘지스 지 소우자(Dráusio Marcondes de Sousa), 안토니우 아메리쿠 지 카마르구 안드라지(Antônio Américo de Camargo Andrade) 등 4명이 주도적으로 참여했다. 주민의 자발적인 참여에도 불구하고 연방 정부군에 비해 수적으로나 화력 면에서 열세였고, 다른 주들의 참가를 지나치게 확신한 나머지 조직적인 세력 확대를 이루지 못한 탓에 1932년 9월 28일 항복함으로써 막을 너리게 되었다.

하지만 이 혁명의 결과로 1933년 5월 3일에 제헌의회 의원 선거가 치러졌고 이듬해엔 신헌법이 제정되는 등 헌정 중단 상황을 바꾸는데 크게 공헌한 것으로 평가된다. 한편 1933년 11월에 소집된 제헌의회는 첫째, 1891년 헌법을 대체할 신헌법을 만들 것과 새 대통령을 선출할 의무를 부여받았는데 이 제헌의회에는 고용주와 피고용인들 그리고 전문 노조의 지지를 받은 40명의 대의원이 선출되어 참가하기도 하였다. 또한 1934년 7월 16일 신헌법을 탄생시켰는데, 자유주의적이고 민족주의적인 성격을 띠고 있었고, 최저임금제, 기업의 국영화, 사회 보장 제도 및 담당 기관 설치, 체포영장제도 도입, 부통령제 폐지 등을 담고 있었다.

1935년에는 공산당 선언(Intentona Comunista)이 있었다. 1917년에 볼셰비키 혁명의 영향을 받았는데, 루이스 카를루스 프레치스(Luís Carlos Prestes)를 중심으로 자유연합이 결성되었다. 일일 8시간제 근무 및 퇴직제 그리고 최저임금제를 요구하며 시위 및 파업을 주도했다. 1935년 6월 11일에는 정부가 자유연합을 해산시킴으로써 문제는 일단 가라앉았으나 공산주의의 활동은 브라질의 집권 정당에게 반공산주의 캠페인을 시작하게 하는 빌미를 제공하였다.

그리고 1938년에 통합주의 운동이 시작되었다. 1차 세계 대전 후 이탈리아의 무솔리니의 파시즘, 1930년대 독일의 히틀러의 나치즘, 포르투갈 살라자르의 신국가체제, 스페인의 프랑코 정권 수립에 고무되어 브라질에는 살가두(Plínio Salgado)가 파시스트 운동을 시작했다. 이 정파는 일부 중산층의 지지를 받았으나 공장 근로자층은 이들의 활동에 극렬한 반감을 표시했다. 이들의 활동은 1938년 5월 10일에 무력시위로 정부군에 의해 무력 진압된 뒤 그 기세가 수그러들었다.

브라질의 경우 공산주의와 전체주의 운동이 확산되면서 계엄령이 내려졌다. 당시 브라질 정부는 일명 'Plano Cohen[4]'이라는 계획서를 이용하여 제툴리우 바르가스에 의한 1937년 친위 쿠데타에 구실을 제공하는 꼴이 되고 말았다.

---

4) 전체주의자들이 만든 허위 문서로서 이 계획서의 주 내용은 공산주의자들이 공산 혁명을 통한 정부 전복을 기도한다는 것이다.

브라질식 민중주의, 신국가체제

결국 바르가스는 권력을 유지하기 위해 궁정 쿠데타를 계획했다. 1937년 10월 1일 상·하원에 국가비상사태를 선포하고 11월 10일에는 의회를 회산시켰으며 동시에 사전에 작성해 놓았던 신헌법을 공포했다. 신헌법은 좌파 정치인들의 정치활동을 제한시키고 대통령의 권한을 강화시킨 것이었다. 친위 쿠데타는 페르남부쿠와 바이아 주를 제외한 중산층과 일반 국민의 지지를 받았다. 신국가체제는 국가비상사태의 선포와 함께 대통령령에 의한 강력한 중앙집권적 통치체제를 확립하여 권위주의적인 정치전통을 형성했다.

군대와 정부의 계급조직에 반대한 소장파 장교운동인 테넹치스무(Tenentismo)가 1931년 이후 특징적인 운동으로 빛이 바라게 되었는데, 이것은 중앙정부의 권력이 강화되는 경향임에도 불구하고 지지자들인 주정부의 자율성을 보존하려고 했기 때문이었다. 소장파 장교들은 개인적으로 중요한 역할을 하고 있었으나, 전통적인 정치세력과 평화적인 관계를 유지하고 있었다.

1934년 신헌법은 국가와 사회부문별 대표자들에 의해 만들어진 정치체제를 재조직했다. 이 신헌법에는 선거개혁, 여성의 투표권, 비밀선거와 선거를 감독하는 선거재판소 설치 등이 포함되어 있었다. 제헌의회는 바르가스를 4년 임기의 대통령으로 선출했다. 그러나 구체제에 대한 혁명을 약화시키려는 시도로 약간 재조정되었으며 곧 장기집권 체제로 전환되었다. 좌파들은 유럽의 공산당에 영향을 받아 공산당을 창당하고 1935년 반란을 일으켰으나 진압되었다.

1930년대 시민 엘리트들은 브라질이 스페인과 같은 내란을 경험하지 않을까 두려워했으며, 이로 인해 브라질 역사상 처음으로 지지를 받았다. 신국가체제는 군대에 군경을 통제할 수 있는 권한을 부여했다. 구공화국의 엘리트들은 연방정부가 자신들의 권익을 보호해 주는 대가로 독립적인 군사력을 포기했다. 이러한 과정은 1932년 상파울루 반란에서 볼 수 있는 것과 같이 모두에게 적용되는 것은 아니었으나 연방정부가 군사력을 독점하면서 중앙정부의 권력이 급격히 증가했다. 이러한 군사력을 바탕으로 브라질 역사의 전환점이 도래하고 있었다.

신국가체제의 헌법은 프란시스쿠 캄부스가 제안한 것으로 폴란드 헌법에 영향을 받았다는 의미에서 '폴라카(Polaca)'로 알려졌다. 바르가스는 신국가체제 초기 정당 활동을 금지시켰고 브라질 통합주의 운동을 불법 운동으로 규정했다. 또한 의회를 설득하여 90일간의 계엄령을 발표하여 경찰력을 강화시켰다. 통합주의자들은 자신들이 쿠데타 이후 정부요직에 임명될 것으로 생각했다. 그러나 바르가스는 통합주의자들의 정치활동을 제한시켰다. 이에 통합주의 운동은 1938년 5월 11일에 과나바라 궁을 공격하여 쿠데타를 시도했으나 실패하고, 지도자인 살가두가 포르투갈로 추방되었다. 이로써 브라질에는 바르가스에 대항할 모든 정치조직이 사라졌다.

바르가스는 아르헨티나의 페론과 같은 대중적인 지지를 받지도 못했고, 히틀러나 무솔리니와 같은 극적인 인생역전 경험도 지니고 있지 않았다. 대신 그는 혁명 이후에 보여준 것처럼 훌륭한 청취자였고, 의문을 지니고 있는 사람들을 설득시키는 놀라운 능력을 지니고 있었다. 또한 그는 정치적 반대자들을 정적으로 만들기보다는 자신의 편으로 만드는 것을 선호했다. 이런 측면에서 바르가스는 신국가체제 초기에는 독재자보다는 여전히 중재자로서의 자신의 위치를 지키고 있었다.

1930년 혁명이 이상주의자들의 사상을 수용하고 있지 않은 것처럼, 바르가스는 브라질의 현실과 나아가야 할 길에 대해서 비교적 정확하게 파악하고 있었다. 첫째, 바르가스는 1938년 연설에서 군대가 지원하는 강력한 중앙 정부를 구성할 것을 주장했다. 이를 위해 교육, 경제발전에 많은 투자가 필요하다는 것을 인정하고 있었고 브라질 영토를 정치적으로 통합하려고 했다. 결과적으로 연방정부와 주정부 간의 관계가 가장 크게 변화되었다. 구공화정에서 지방정부는 폭넓은 자율권을 지니고 있었으나 신국가체제에서는 연방정부가 지방정부를 엄격하게 통제하면서 통합력이 높은 국가로 만들었다. 둘째, 국제무역에서 강력한 힘을 지닌 브라질을 만들어야 한다고 강조했다. 셋째, 도시 노동자들을 위한 사회복지를 개선해야 한다고 파악했다. 그러나 도시 노동자의 사회복지 개선은 경제적인 목적에서 선택된 것이 아니라 노동조합을 통제함으로써 자신의 정치적 기반을 다지기 위한 것이었다. 이를 기반으로 바르가스는 1950년 대통령 선거에서 승리할 수 있었다. 이와 같이 바르가스는 1938년부터 1944년까지 군부, 경찰 조직을 통해 야당을 탄압하여 정권을 유지했으며, 신국가체제를 통해 자신의 권력을 강화시켰으나 우럽에서 파시즘 운동이 했던 것처럼 정치운동을 조직하지 않았으며 자신을 지지해 줄 정당을 창당하지도 않았다.

신국가체제 기간 정치적 안정을 유지하기 위해 군대에 의존했고, 중앙 정부의 행정력을 강화하기 위해서는 테크노크라트들에 의존하고 있었다. 이런 측면에서 유럽의 파시즘과 미국의 뉴딜정책의 요소

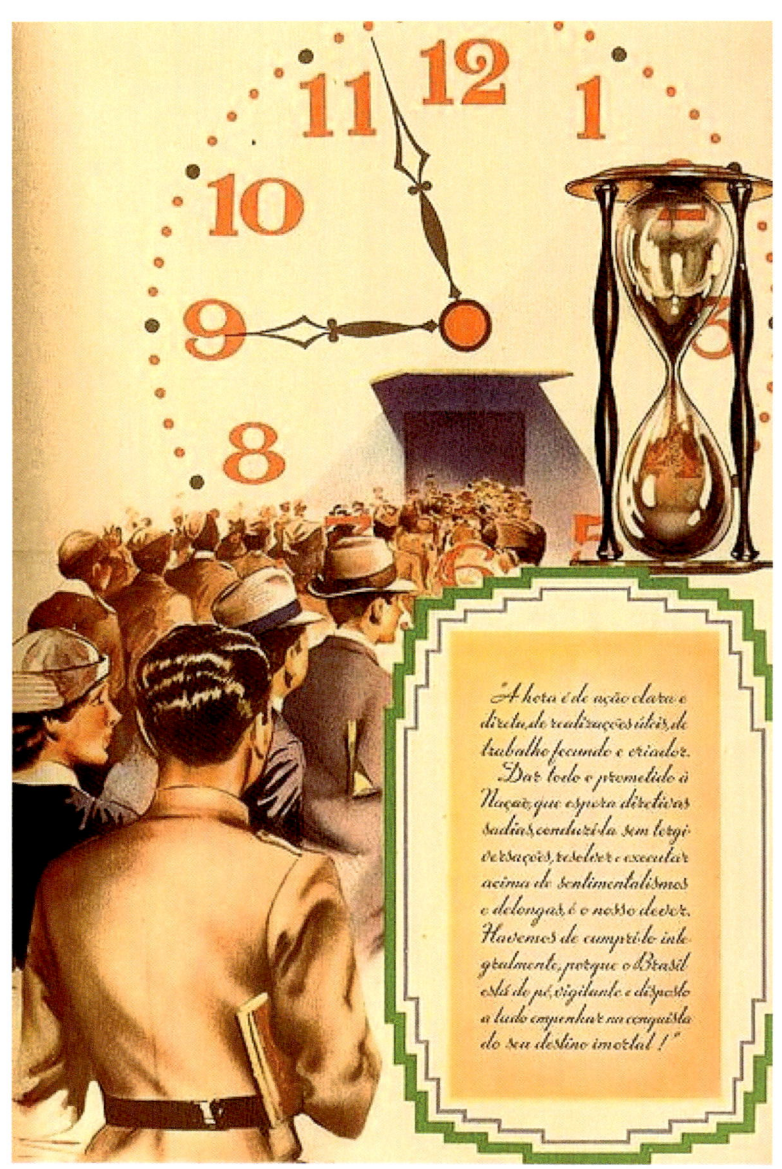

그림 24) 신국가체제 정부 홍보물

들을 수용했다고 볼 수 있을 것이다. 이와 함께 스페인과 포르투갈에서 새롭게 시도하고 있던 조합주의를 도입했다. 조합주의는 북유럽의 사회조합주의보다는 중앙정부의 통제가 용이한 국가조합주의를 형성했다. 브라질의 국가조합주의는 중앙정부가 노조 지도자인 펠레구(Pelego)를 통해 노동운동을 통제할 수 있는 것으로 국가의 사회 통제력을 증가시켰다. 집권 초기 농촌 프롤레타리아와 부르주아지들을 배제시켰으나 신국가체제 말기에는 정치적으로 이용하기 위해 농촌 프롤레타리아들로 참여를 확대시켰다. 이러한 조합주의는 자유방임적인 묵인을 피할 수 있었고 국가의 관리가 쉬웠기 때문에 현대 자본주의를 적용하는 데 용이하여 이를 토대로 수입대체 산업화를 추진할 수 있었다.

신국가체제 기간 브라질은 높은 경제성장과 많은 사회변화를 경험했다. 1930년 혁명 이후 대공황의 영향을 받고 있는 브라질 경제를 회생시키기 위해 산업화에 박차를 가했다. 이러한 노력으로 1929년에서 1937년 사이 브라질 산업 성장률은 50%를 기록했다. 집권 초기의 산업정책은 생필품을 비롯한 소비재로 제한되어 있었으나 1940년부터는 국가 경제 발전을 위해 많은 인센티브를 제공하여 제철소, 항공기 제작 공장, 국립 철강회사(Companhia Siderurgica Nacional) 설립과 같은 중간재와 자본재 생산을 위한 공장을 건설했다.

경제적인 변화와 함께 사회정책에도 많은 변화가 발생했다. 1931년 3월 19일에 노동조합법이 발표되었는데, 노동조합 설립은 노동부 장관의 허가를 받아야 했다. 1943년에 주간 휴일, 미성년에 대한 노동, 여성의 야근 금지, 10년 이상 된 노동자들에게 고용안정을 보장해 주는 노동법을 발표하여 노동자들의 지지를 받았다. 이 노동법으로

16세 이상의 성인에게 직업증명서를 발급하는 것을 의무화했고 사회보장제도가 신설되었으며 일일 8시간 노동제가 도입되었다. 이처럼 신국가체제에서 가장 많은 혜택을 입은 사회부문은 노동자들이었다. 그러나 사회보장 제도의 확대는 브라질뿐만 아니라 전 세계적인 경향으로 바르가스의 업적으로 평가되기보다는 당시의 조류로 평가된다.

바르가스는 문화정책에도 많은 관심을 가졌다. 특히 그는 브라질의 정체성을 형성하기 위해 많은 노력을 기울였다. 1930년 혁명 이후 바르가스가 꿈꾸었던 브라질의 통일성과 일체성을 형성할 수 있는 방향으로 추진되었다. 그는 1910년대부터 활성화되기 시작한 삼바를 브라질 문화 아이콘으로 성장시켰다. 사실 삼바의 성장은 바르가스의 정책적인 지원뿐만 아니라 라디오가 보급되면서 이루어졌다. 또한 브라질 각 지역에서 행해지던 카니발을 상업적으로 성공시킨 것도 문화정책의 일안이었다. 그는 카니발을 활성화시키기 위해 최초로 삼바학교를 지원했으며 카니발을 공연문화로 발전시켰다. 스포츠 부분에서도 많은 변화가 발생했다. 19세기 말 영국의 무역업자와 선원들을 통해 유입된 축구는 당시까지 사교클럽과 백인들의 전유물이었으나 바르가스 집권기에 국기로 성장했다. 1938년 월드컵부터 브라질 대표팀에는 흑인 선수가 포함될 정도로 축구는 브라질에서 일반화되었다. 이러한 노력들은 브라질 문화를 발전시켰다는 긍정적인 측면을 지니고 있지만 다른 측면에서는 자신의 독재체제를 유지하기 위한 수단으로 이용했다는 점에서 부정적인 측면도 지니고 있다. 제2차 세계대전이 발발하자 브라질은 미국을 지원하고 주축국들과 외교관계를 단절했다. 독일의 잠수함 공격으로 브라질 상선이 침몰하자 1942년 8월 22일에 독일에게 선전포고를 하고 이탈리아에 군대를 파견했다.

전쟁이 확산되는 동안 브라질 정치도 변화되었다. 1943년 11월에 미나스제라이스 정치인들이 재민주화를 요구하는 데모를 일으켰는데, 이를 계기로 민주화 요구가 확산되었다. 그리고 1944년에는 제2차 세계 대전에 참전해 이탈리아 전투에 투입되었던 군대가 재민주화를 요구하는 보고서를 바르가스에게 제출했다. 이들에게 유럽의 전투는 파시즘에 대항하는 것이었으며, 브라질의 전투는 신국가체제에 대항하는 것이었다. 상층으로부터의 압력이 증가하고 있을 때 히우와 상파울루에서 학생들의 시위가 발생하면서 더 이상 신국가체제를 유지할 명분을 상실했다. 1937년 헌법에 따라 1943년에 대통령 선거를 실시할 예정이었으나, 2차 대전이 지속되자 헌법을 수정하여 1945년 2월 28일로 대통령 선거를 연기했다.

이 헌법 수정안으로 90일 이내에 대통령 투표를 실시하고 바르가스 자신이 입후보했다. 그러나 바르가스의 입후보에 반대하는 여론이 거세지자 후보를 사퇴하였다. 이에 따라 전쟁부 장관이었던 에우리꾸 가스파르 두트라(Eurico Gaspar Dutra) 장군을 정부여당의 후보로 지명하였다. 야당에서는 브리가데이루 이두아르두 고미스를 후보로 지명했다. 4월 22일 루이스 카를루스 프레스치스(Luis Carlos Prestes)를 포함한 모든 정치인들이 석방되었고 5월 28일에는 12월 2일에 선거가 실시된다는 정부의 공식적인 발표가 있었다. 1945년 10월 29일에 군부는 바르가스가 대통령 선거에 영향을 미치지 못하도록 대통령직을 사임할 것을 요구했으며, 바르가스는 상보르자로 귀향했다.

신국가체제 하에서 주정부의 자율권은 무시되었고 연방정부가 임명한 주지사로 대체되었으며 후원은 대통령 직권에서 비롯되었다. 모든 정당은 1944년까지 해산되어 반대세력을 조직하는 데 한계성을 지니고 있었다. 이런 과정에서 바르가스는 좌·우익으로부터의 위협을 제거했다. 지방수준에서는 대령들이 충성을 맹세하고 부하들과 후원을 공유하는 것을 수용하면서 살아남았다. 바르가스의 집권기는 브라질 전체의 정치, 경제에 많은 영향을 미쳤으나 지방수준에서는 상대적으로 적은 영향을 미쳤는데, 이로 인해 지방에서는 1950년대 구체제의 정치형태가 남아 있었다. 1990년대 지방정치 보스들에게 "대령"이라는 표식이 붙여지기는 했지만 이러한 정치형태는 60년대 들어 사라지게 되었다. 바르가스는 자신의 권력기반에 농촌과 상업엘리트들을 흡수하여 이전에 자신에게 적대적이었던 세력들을 지지기반으로 만드는 능력을 보였다.

바르가스 집권기에 군대, 경제, 국제무역과 외교관계가 재조직되었다. 정부는 페트로폴리스에 구왕국의 황궁을 재건했고 역사적인 건물과 도시들을 보존하려고 했다. 국내총생산이 거의 연평균 4% 성장했다. 브라질은 1944년 '볼타 헤돈다'라는 철강회사를 설립하여 산업생산을 시작했다. 이러한 바르가스의 집권기는 조합주의로 특징지어지기도 했다.

산업부문에 대한 투자가 이루어질 때 신국가체제는 파업을 위법행위로 규정했고 전국적인 노동조직 형성을 막기 위해 국가 통제하는 독립 산별 연맹을 만들었다. 여기에 기초하여 수직적인 통제 체제를 유지하고 있었다. 정부는 임금과 소득을 증가시키는 법령을 발표했으며 서서히 불완전한 사회보장시스템을 확대했다. 최저임금은 결코 만족스러운 수준이 아니었다. 체제선전은 국가 수호와 애국주의를 권유하고 있었으며, 바르가스는 노동자 계급에게 은혜를 베푸는 사람으로 묘사했다. 1930년대 산업이 11.2% 팽창했는데 이는 1920년대 비해 두

배 가까운 성장이었다. 사실, 성장과 억압은 그 시대를 나타내는 상징적인 말이었다. 신문기자와 소설가들은 검열을 받았으며 수감되거나 절필을 선언하기도 했다. 군대는 군사학교 입학을 인종적, 가문적, 종교적, 교육적, 정치적 특성에 따라 허용하여 제한적인 사람들만이 군장교가 될 수 있었다.

정치활동의 중지, 군대의 현대화와 재무장을 위한 정부의 지원과 억압적인 정책의 결과로, 군대는 1922년 이후 경험하지 못했던 결속력과 통합을 강화할 수 있었다. 2차 세계 대전 기간인 1944~1954년 이탈리아 전투에 참전했던 장군들은 1945년 10월 바르가스를 퇴위시키는 데 결정적인 역할을 했으며 사회질서를 혼란하게 만든다는 대중의 정치적 동원화를 근절시켰다.

9. 제한적 민주주의의 실현

민중주의적 민주주의

바르가스가 퇴진한 이후 브라질 정치는 신국가체제 내에서 정치활동을 유지해 왔다는 의미에서 규정된 내부자(De Dentro)와 정치적 탄압을 받았던 외부자(De Fora)로 구분되어 있었다. 이러한 정치구도에서도 여전히 바르가스의 정치적 영향력이 유지되었는데 그가 귀향했던 상보르자는 브라질 정치인들의 메카가 되었다. 내부자들은 바르가스로부터 정치적 혜택을 입은 정치인과 관료, 산업자본가와 대토지 소유주, 그리고 새로운 내부자로 성장한 도시 노동자 등 세 그룹으로 구분되었는데, 정치인과 관료, 산업자본가와 대토지 소유주는 1945년 민주사회당(PSD)을 창당했다. 바르가스는 드트라 후보를 지원하는 방법으로 민주사회당을 개인적으로 감독하고 있었다. 도시 노동자들은 브라질노동자당(PTB)을 결성했다. 이 정당 역시 바르가스의 최측근인 알베르투 마르콘지스 필류가 장악하고 있었다. 외부자들은 기대했던 것보다 작은 규모로 조직되었을 뿐만 아니라 이질적인 정치적

성향을 지니고 있었기 때문에 단일한 정치적 힘을 지니지 못했다. 외부자의 중심 세력은 자유헌정주의자들로 주로 도시지역에서 영향력을 행사하고 있었다. 이들은 민주연맹(UDN)을 창당하여 고미스를 대통령 후보로 지명했고 언론으로부터 지지를 받았다. 고미스의 정치 프로그램은 브라질에 민주적인 헌법을 마련하는 것이었다.

결국 신국가체제의 붕괴는 독재체제의 붕괴였을 뿐 바르가스의 정치적 생명이 끝났음을 의미하지는 않았다. 1945년 선거에서 바르가스는 히우그란지두술, 상파울루에서 상원의원에 당선되었고 연방직할시에서는 하원의원으로 당선되었으며, 9개 주에서 하원의원으로 선출되었다. 그는 상파울루의 상원의원직을 수락했으며 민중주의적 전략을 고수하면서 두트라 정부에 반대했다. 신국가체제가 붕괴된 이후 바르가스는 상파울루 산업자본가들과 히우그란지두술의 대농장주들과 같은 전통적인 엘리트들과 유대를 맺어 정치적 기반을 유지하고 있었다. 이러한 정치적 기반을 이용해 독재자의 이미지를 벗고 민주적인 정치인의 이미지를 심으려고 했다. 다른 한편으로는 영향력 있는 정치 집단의 지지를 받기 위해 많은 노력을 했다. 우선 군부가 자신이 입후보하는 것을 거부하지 않는다는 것과 대통령에 당선된 이후 정권을 장악하는 것을 거부하지 않는다는 확답을 받길 원했다. 주요 정치인들로부터 지원을 받기 위해 접촉하기도 했다. 이들 중 상파울루 주지사였던 아데마르 지 바후스는 민중주의를 지향하는 바르가스의 대통령직 회복을 희망했던 정치인이었기 때문에 비교적 쉽게 군부와 정치인들로부터 확답과 지지를 받을 수 있었다. 킨과 하이어스(Keen and Hayes)는 라틴아메리카 역사에서 바르가스의 민중주의는 브라질만이 지니는 독특한 형태였고 허약한 정치운동이었다고 지

적했다. 바르가스는 2차 집권기간 자신의 정치기반을 도시 노동자에 두면서 상호 대립적인 정치 행위자들 간의 연대를 시도했었다.

1950년 대통령 선거에 입후보한 바르가스는 산업화 촉진, 사회보장법의 확대와 경제 민족주의를 포함하는 노동주의(Trabalhismo)를 선거 프로그램으로 결정했다. 노동주의는 노조를 통해 노동자들을 통제하고 노동자들의 지원을 받는다는 이중적인 측면을 지니고 있었는데 이것은 조합주의를 변용한 것이었다. 이 선거에서 전체 투표의 49%를 획득해 대통령에 당선되었다. 이와 같이 그가 대통령 선거에서 높은 지지를 받을 수 있었던 것은 노동법과 사회보장법과 같은 일반 국민들이 수용할 수 있는 정책들과 제도들을 마련했기 때문이었다. 이러한 법·제도적인 변화를 통하 민중의 지도자로 다시 돌아오고 싶어 했고, 이를 계기로 빈민의 아버지, 노동자들의 지도자 혹은 노동자 문제에 관심이 많은 정치 지도자로 불리기도 했다. 그러나 노동법과 사회보장법들은 오히려 일반 국민들의 요구를 증가시켰고 엘리트들의 반발을 샀다. 반바르가스 진영의 정치인들은 민족연합당을 중심으로 바르가스를 축출하기 위해 노력했으며 바르가스 정부를 노조공화국이라 비난했다. 바르가스 2차 집권기는 노동자와 대중의 정치적 집회와 군부의 간섭이 증가하여 정치적 혼란이 지속되었다. 이러한 정치 상황에서 신국가체제 기간과 같은 정치적 합의점과 브라질의 통일성을 찾으려고 했으나 야당의 반발에 부딪혀 실패했다.

바르가스는 취임 이후 두트라 정부의 자유주의 경제정책을 강력한 국가개입을 전제로 하는 수입대체산업화 정책으로 대체했다. 이로 인해 외국자본의 투자위험이 높아져 신용도가 하락했다. 바르가스는 두트라 집권기 누적된 국제수지 적자를 해소하려고 산업화를 촉진해야 한다고 생각했다. 젊은 테크노크라트들을 중심으로 국가경제발전 계획을 입안했다. 1952년에 국립경제개발은행을 설치했고, 산업 발전을 위해 석유와 전력산업의 국유화를 계획했다. 특히 바르가스는 "석유는 우리의 것(o petróleo é nosso)"이라는 슬로건으로 석유산업의 국유화를 주장하여 1953년 브라질 석유공사(PETROBRAS)를 설립했다. 정부는 석유공사를 통해 브라질 정유, 정제 등 석유와 관련된 모든 산업을 독점했다. 자신의 경제정책을 정당화시키기 위해 애국심, 민족주의와 세계경제변화에 직면해 있는 현실주의적 시각들을 동원했다. 이러한 노력에도 불구하고 정책은 외국자본의 이탈과 신용도 하락으로 실패했고, 경제정책 실패를 만회하기 위해 1953년에 새로운 경제정책을 발표했지만, 브라질 수출의 대부분을 차지하던 커피가격이 하락하여 국제수지 적자가 누적되었다. 국내경제는 인플레이션으로 불황에 직면했고 미국과 IMF의 압력으로 국제수지 적자를 개선하기 위한 안정화 프로그램을 실시했다. 그러나 안정화 정책으로 오히려 경제성장이 둔화되었고 실질임금이 하락하여 대중들의 저항에 부딪혔다.

1954년 경제위기로 바르가스 정부의 정치적 기반은 심각한 타격을 입었다. 군부와 정치 엘리트들이 바르가스를 공격하기 시작했는데 UDN의 정치인이었던 카를루스 라세르다는 바르가스의 실정을 공개적으로 비난했다. 바르가스는 정치적 위기를 민중의 지원으로 극복할 목적으로 노동자들의 최저임금을 100% 인상시켰다. 그러나 1951년 이후 임금인상이 없었던 노동자들은 실질임금이 상승하지 않는다는 이유로 임금인상안을 수용하지 않았다. 또한 대농장주들의 지지를 얻기 위해 농업 노동조합 결성을 법적으로 제한시켰다. 이러한 일련의 정책들도 정권의 붕괴를 막기에는 역부족이었다.

1954년 6월에 UDN은 의회에서 바르가스의 탄핵을 시도했으나 실패했다. 이에 그를 퇴임시키기 위한 여러 가지 방법들이 시도되었다. 그 사건 중에 하나가 히우의 코바카바나 해변에서 UDN의 라세다를 저격하려는 시도였다. 다행히 라세다는 상처만 입고 경호원이었던 공군 장교가 사망했다. 공군은 조사팀을 조직하였으며 대통령궁이 조사 선상에 올랐다. 일명 토넬레루스가의 범죄로 알려진 이 사건은 대통령 경호원들이 관련되었음이 밝혀졌고, 8월 23일 공군 장교 30명이 대통령 퇴진을 요구하는 서명서를 제출했다.

바르가스는 정치적 기반을 다지기 위해 도시 노동자들을 이용했으나, 당시 브라질 노동 부문은 독립적이고 급진적인 정치세력으로 성장했기 때문에 지지를 이끌어 내지 못했다. 특히 1953년에는 이들이 적극적으로 노동쟁의를 확산시켜 결국은 우익 진영의 반동을 자초했다. 이처럼 이념적 양극화가 악화되고 군부로부터 강한 저항에 부딪히게 되자 정치적으로 궁지에 몰린 바르가스는 1954년 8월 24일 새벽 각료회의를 주도하던 도중 대통령궁에서 유서를 남기고 총으로 자살했다. 유서에서 정치적 현실과 1930년 혁명 이후 자신이 걸어왔던 정치적 역경들을 들면서 자신의 정치적 소신인 민족주의로 브라질 국민들에 대한 사랑을 밝혔다.

"또다시 국민의 뜻에 반하는 이익집단과 군부가 합작하여 나를 몰아내려고 합니다.(……) 나의 희생은 항상 브라질 국민들의 영혼 속에 남아 있을 것이고 나의 피는 국민들을 구원하게 될 것입니다. 나는 브라질을 약탈하는 자들에 닿서 싸웠고 국민들을 약탈하는 사람들과 맞서 싸웠습니다. 증오, 오명과 증상모략들이 나를 좌절시키지 못했습니다. 나는 브라질과 국민들에게 나의 생을 바쳤고 이제 나의 죽음을 바칩니다. 조용히 영원의 세계로 첫발을 내딛으며 역사 속으로 사라지려 합니다."

바르가스가 죽은 지 1년 후에 가족들이 간직하고 있는 새로운 유서가 발견되었는데 여기서는 자신의 정치적인 입장을 좀 더 솔직하고 직선적으로 표현하고 있다. 그럼 왜 바르가스는 두 개의 유서를 준비했을까? 바르가스는 1930년 혁명 이후 정치적 위기가 닥칠 때마다 유서를 준비했다. 1932년 상파울루 공화혁명이 발생했을 때도 그러했고 1945년 10월에 정권에서 축출될 때도 유서를 준비했다. 그의 유서에는 자신의 정적들을 비난하고 국민들에게 자신을 지지해 줄 것을 호소하는 내용이 감겨 있었다. 바르가스는 외부적으로는 강력한 리더십을 보여주었지만 내면적으로는 유약한 모습을 지니고 있었다.

쿠비체크의 발전주의

1950년대 브라질 정치에서 빼놓을 수 없는 인물이 주셀리누 쿠비체크(Juscelino Kubitschek) 대통령이다. 발전주의 경제정책을 바탕으로 '5년에 50년의 발전을'이라는 슬로건으로 대통령 선거에서 당선되었다. 쿠비체크는 미나스제라이스 주에서 행상을 하던 가난한 체코 이민자의 후손으로 태어나 의과 공부를 하고, 주지사를 거쳐 대통령에 당선된 인물이다. 쿠비체크의 집권기는 정치적 안정이 유지되고 제한적이기는 했지만 민주주의 체제가 작동하고 있어 정치적 낙관주의 시기로 평가되기도 한다. 정치에서도 반대세력과의 직접적인 대립

은 피하고 야당정치인들을 비롯한 시국
사범들을 사면해 주었다.

쿠비체크는 목표 계획(Plano de Metas)
이라고 하는 국가개발계획을 수립하여
경제발전에 매진했고 계획에는 에너지,
교통, 식량, 기초 산업, 교육과 브라질리
아 건설 등의 6개 분야에 31개의 목표가
세워졌다. 기본적으로 산업 팽창과 국토
의 통합을 통한 경제의 성장과 다변화를

그림 25) 쿠비체크 대통령

목표로 했다. 국정 운영에서 경제발전이 가장 중요한 것이었으며 모
든 국가 운영 시스템을 이런 방향으로 잡고 있다는 측면에서 발전주
의라고 구분한다. 추진하던 경제성장이 국내산업 발전이었지만 외국
자본의 유입을 촉진했다. 외국자본뿐만 아니라 모든 기계와 산업장비
수입은 면세 혜택을 주었다. 특히 외국 자본이 국내자본과 합작할 경
우에도 세제를 감면해 주었고 국내 시장을 확대하기 위해 신용정책
을 발전시키기도 했다. 산업 정책에 따라 자동차 산업, 조선 산업과
중공업, 수력 발전소 전설과 같은 대규모 사업들이 추진되었다. 자동
차 산업은 주력 산업으로 선정되면서 빠르게 성장했는데 1960년에
321,000대의 자동차를 생산할 수 있는 능력을 갖추게 되었다. 자동차
생산이 증가하면서 고속도로 건설 사업에도 확대되었다. 브라질 물류
운송의 중심이 자동차로 이동하던 시기도 이때라고 할 수 있다.

경제는 빠르게 성장했지만 비용이 지나치게 높았다. 대부분의 라
틴아메리카 국가들처럼 크루제이루(Cruzeiro)가 빠르게 평가절하 되
었다. 또한 대규모 프로젝트를 추진하면서 많은 외채를 차입해 집권

초기 15억 달러였던 것이 임기 말기에는 38억 달러로 국가부채가 상당한 규모로 증가했다. 인플레이션과 부의 균형은 더욱 확대되어 농촌에서는 대규모 시위가 발생하기도 했다. 결국 집권기에 산업생산은 80% 정도 증가했으나 인플레이션이 43%에 달했다.

쿠비체크 집권기간 가장 큰 사업은 새로운 수도를 건설하는 것이었다. 수도를 브라질 내륙으로 옮겨야 한다는 논의는 1891년, 1934년과 1946년에 있었지만 실질적으로 추진되지는 못했다. 쿠비체크의 공약에 수도이전이 포함되면서 1956년에 건설되기 시작했다. 1957년 2월에 건축가 루시우 코스타(Lucio Costa)와 오스카르 니에메이에르(Oscar Niemeyer)가 작업을 시작했다. 200대 이상의 기계장비와 전국에서 일자리를 찾아온 30,000명이 투입되어 밤낮으로 작업을 계속해 미나스 제라이스 반란의 기념일인 1960년 4월 21일에 완공했다. 공사를 시작한 지 41개월이라는 짧은 기간에 완공되었지만 현대 도시 계획과 건축의 걸작으로 유네스코 세계문화유산으로 등재되어 있다. 브라질리아(Brasília) 건설로 전국을 통합할 수 있는 중심지가 마련되었고, 많은 일자리가 창출되었으며, 주로 북동주로부터 많은 노동력이 흡수되었고 중서부와 북부의 경제발전을 촉진했다는 긍정적인 평가를 받았다.

대규모 사업에 따른 것이겠지만, 주지사 시절부터 부정부패로 인한 소송이 끊이지 않았다. 브라질리아 건설이 시작되면서 소송은 더 늘었는데 주셀리누 정치 그룹의 사람들이 건설에 매우 호의적이었고, 브라질 판 에어(Pan-Air)가 건설 기간 사람과 물자 운송을 독점하고 있었기 때문이었다. 언론에서는 검증되지는 않았지만 세계에서 7위의 부자라는 내용이 보도되기도 했다. 1964년에 군부가 정권을 장악한 이후 쿠비체크의 정치권리는 10년 동안 중지되었고 자진해서 외유를 떠

그림 26) 브라질리아 전경

나 미국과 유럽의 도시에 머물렀다.

많은 문제에도 불구하고 그의 집권기간은 낙관주의 시기로 여겨진
다. 여기에는 개인적 카리스마에서 뿜어져 나오는 활기찬 이미지도
중요한 부분이었다. 1950년대 브라질은 농촌 중심 사회에서 도시 중

심 사회로 변모했다. 산업 개혁으로 산업생산력이 증가하면서 경제성장은 새로운 동력을 찾고 있었고, 소득 향상으로 가전제품들이 가정에서 폭넓게 이용되었다. 중간계급들은 외국 자본의 유입으로 생산 소비재들을 살 수 있는 구매력이 향상되었다. 아메리카 라이프스타일이 라디오, 잡지와 텔레비전을 통해 소개되면서 브라질인들에게도 많은 영향을 미치고 실제 생활에도 그대로 유입되었다.

브라질 영화는 '찬찬다스(Chanchadas)'라고 하는 코미디 영화를 중심으로 많이 제작되었다. 1953년에 '캉가세이루(O Cangaceiro)'라는 영화가 국제영화제에서 많은 상을 받았는데 'Vera Cruz'와 'Atlântida' 등의 영화사들이 중요한 역할을 했다. 라디오 방송이 가장 많은 인기를 누리고 있었다. 1958년에 주앙 질베르투(João Gilberto) 보사노바(Bassa Nova)라는 장의 신곡인 'Chega de Saudade'를 발표했고, 톰 조빔(Tom Jobim)과 비니시우스 지 모라이스(Vinicius de Moraes)가 국내적으로나 국제적으로 알려졌다. 스포츠에서는 1958년 FIFA 월드컵에서 우승을 차지했고, 1959년에는 에데르 조페르(Éder Jofre) 권투선수가 챔피언이 되었고, 농구대표팀이 우승을 차지했다. 그리고 마리아 에스제르 부에누(Maria Esther Bueno) 테니스 선수가 윔블던과 US오픈에서 우승을 차지했다. 이러한 승리는 브라질의 미래가 장밋빛임을 나타내 주는 신호 같았다.

혼란과 쿠데타

1930년대와 1940년대가 조합주의가 브라질 정치를 좌우했다면

1950년대와 1960년대는 민중주의, 민족주의와 발전주의로 정의할 수 있다. 1960년 초반까지 위기는 상층부에서 비롯되어 저변으로 확산되었다. 이런 과정에서 정치 엘리트들은 라틴아메리카에 좌파 혁명의 분위기가 고조되자 민중들도 국제 공산주의에 영향을 받았거나 직접적인 관련이 있는 것이 아닌가에 대한 의구심을 갖고 있었다. 또한 노동계층에서 불고 있는 노조운동과 사회운동이 민중주의적 민주주의 기간에 시작된 것이며 지속적인 노조운동은 그동안 유지되어 오던 정치체제와 경제체제를 위협하는 것이라 생각했다. 자신들의 정치적 권익과 국가의 권익을 동일시한 엘리트들은 정치사회적 안정이 가장 중요한 문제였다.

그러나 1960년대 초반은 유사한 정책적 결정을 했던 1930년대와 사뭇 달랐다. 우선 인구 통계학적인 면에서 엄청난 변화가 있었는데, 1930년대 3,350만 명이었던 인구가 1960년게는 7,000만 명으로 증가했다. 인구 분포지역도 전체 인구의 44%가 도시 지역에 거주하고 있었다. 도시 인구의 절대다수가 도시 변두리 지역에 살고 있는 빈민층을 형성하고 있다. 산업노동자도 1940년에 160만 명에 불과했던 것이 290만 명으로 인구 증가에 비례해 두 배로 증가했고, 국내총생산에서 공업이 차지하는 비율이 25%로 농업의 비율을 앞질렀다. 빈부의 격차는 점차 확대되어 인구의 1%가 국민소득의 40%를 차지했고 전체 인구의 60%가 24%의 부를 공유하고 있는 상황이었다. 연평균 인플레이션은 1946년 12%에서 1959년 25%로 상승했고, 1960년에는 39.5%로 급격하게 상승했다. 인플레이션 상승은 저축의 실질 가치를 하락시켰고, 장기대출 비율이 낮아졌고, 자연스럽게 이자율은 급격하게 상승했다. 이런 경제위기에 정부는 IMF가 권고하는 정통적인 경제정책에 기초한 안정화 프로그램을 거부했다. 더욱이 빈부의 격차가 증가하여 인구의 10%가 국민소득의 40%를 차지하고, 60%의 가난한 브라질인들이 나머지 국민소득 24%를 차지하고 있었다.

노조와 사회운동이 활성화되면서 노조는 임금을 포함한 노동조건 개선을 주장했고 사회운동에 참여하던 국민들은 교육과 사회 서비스 확대를 요구했다. 대부분의 하층계급, 빈민, 불법 거주자, 가난한 농민들은 1950년대 변화된 정치지형에서 참여가 확대되어 있었다. 이런 과정에서 도시 하층 계급의 동원화는 훨씬 쉬워 보였다. 중간계급은 50년대 정치안정과 경제성장을 바탕으로 상층과 같은 생활 조건을 누리고 있었기 때문에 하층계급의 정치적 요구에 대해 기득권을 상실할 수 있다는 불안감을 안고 있었다. 정부는 정치, 경제적 안정을 위한 중간계급과 상층계급의 권리를 보호하는 방향으로 정책적 변화를 시도했다.

이런 정치적 변혁기에 자니우 콰드루스(Jânio Quadros)와 주앙 굴라(João Goulart) 정부는 농민들의 지지를 이끌어 내기 위해 민중주의적 정책을 확대했다. 콰드루스는 1960년 10월 3일에 실시된 선거에서 560만 표를 획득하여 임기 6년의 대통령에 당선되었다. 부통령에는 브라질 노동자당의 주앙 굴라가 선출되면서 잔잔(Jan-Jan)의 정부라는 별칭을 얻었다. 그러나 취임한 지 9개월도 되지 않은 1961년 8월 25일에 갑작스럽게 사임하면서 부정부패를 청산하겠다는 자신의 약속을 이행하지 못했다. 정치개혁을 위해 일시적인 정치적 동맹을 형성했으나 의회 내에서 자신이 추진하던 법률들이 통과되지 않자 좌절감을 느끼고 재조직을 계획했으나 실행에 옮기지 못했다. 사임이유는 의회 내에서 의원내각제를 실시하기 위한 개헌이 추진 중이었고,

안나(Hanna)사 인가의 불법거래와 미나스제라이스 철도 비리 등에 대해 장군들이 압력을 행사하고, 카를루스 라세르다(Carlos Lacerda)가 콰드루스가 의회를 해산시키고 법률을 개혁하려는 국민투표를 통해 국민들의 지지를 받으려고 한다고 폭로한 데에 있다. 콰드루스와 라세르다는 독자적인 외교정책 수립을 두고 대립하고 있는데, 콰드루스는 쿠바혁명으로 미국이 '진보를 위한 동맹'을 강화시키고 있던 시점에서 동구권과의 외교관계 수립과 정책을 확대하려고 했다. 반면 라세르다는 보수파로서 기존의 미국 중심의 외교정책을 고수했다. 여기에 콰드루스의 외교정책은 브라질의 상품을 수출할 수 있는 새로운 시장을 강조하여 미국과의 관계를 유지하면 개도국과의 관계를 강화하자는 것이었으나 쿠바를 외교적으로 고립시키자는 미국의 요구는 수용하지 않았다. 라세르다는 특히 콰드루스의 친쿠바적인 정책을 비난했다. 콰드루스는 군부가 바르가스 정부에서 노동부 장관을 역임했던 주앙 굴라 부통령의 대통령 승계를 허용하지 않을 것이라고 기대하면서 사임했다. 또한 그는 자신이 사임함으로써 자신의 재집권을 요구하는 국민들의 요구가 들불처럼 끓어올라 다시 권좌에 오를 수 있을 뿐만 아니라 정국을 장악할 수 있을 것이라 생각했다. 상파울루의 군부대에서 머물면서 대통령 복직 송환을 기다리고 있었으나 대신에 하원의장이 대통령직 승계 선서를 했다. 국민들은 충격을 받았으나 콰드루스에 의해 배신당했다고 생각했다. 콰드루스는 정치입문 15년 만에 대통령에 당선되었다. 이렇게 빨리 대통령에 당선될 수 있었던 이유가 무엇이었는가는 여전히 의문이 남는다. 예를 들어 바르가스처럼 무장 혁명을 통해 권력을 장악한 것도 아니고, 부자도 아니며, 특정한 정치 집단에도 속하지 않았고, 정치적 스승이 있는 것도 아니고, 신문사 사장도 아니며, 돈도 없고, 경제 단체와 연결되어 있는 것도 아니었으며 더구나 미국이나 러시아의 지원도 받는 것도 아니며, 잘생기거나 정이 많은 사람도 아니었다. 그야말로 야인으로 등장해 짧은 기간 대통령에 오른 사람이었다.

정치인들과 군장서들은 콰드루스의 복권 문제를 다루는 대신 굴라의 대통령 승계문제에 더 관심이 많았다. 당시 굴라는 무역 사절단으로 중국을 방문 중이었다. 의회는 대통령 승계권이 굴라에게 있지 않다는 군부의 요구를 거절했다. 처남이자 히우그란지두술 주의 주지사였던 레오넬지 마우라 브리졸라(Leonel de Moura Brizola)와 이 지방 장성들이 헌법을 수호할 것이라고 발표하여 내란의 조짐이 나타나고 있었다. 타협을 통해 1961년 9월 2일에 의원내각제가 실시될 때까지 대통령을 승계하는 것이 허용되었는데, 의원내각제는 1963년까지 계속되었다. 헌법 수정을 통해 주앙 굴라 대통령, 탕크레두 지 알메이다 네비스(Tancredo de Almeida Neves)를 수상으로 하는 브라질 최초의 의원내각제 정부를 출범시켰다. 몇 개월 지나지 않아 굴라는 행정부의 수반으로서의 자신을 입지를 강화하기 위해 국민들을 동원했다. 결국 1962년 국민투표에서 승리하여 1963년 1월부터 대통령제를 실시하고 대통령에 취임했다.

굴라는 미국과의 외교관계를 회복했으며 1963년 4월에 케네디 대통령을 방문하여 미국 의회에서 연설했다. 그러나 쿠바의 사회주의화에 민감하게 반응하고 있던 미국은 쿠바와 외교단절을 하지 않는 것을 비난했다. 같은 시기에 가난한 북동부 지방의 농민들이 조직해 활동하기 시작했는데, 미국은 굴라 정부를 거치지 않고 이 지역에 직접적으로 수백만 달러를 쏟아부었다. 그런데 지역 엘리트들이 브라질리아에 저항하고, 자율권을 확보할 수 있다는 측면에서 미국의 원조를 적극적으로 수용했다.

그림 27) 카스텔루 브랑쿠 대통령

육군부 장관이었던 아마우리 크루엘 (Amaury Kruel) 장군은 군대가 1958년 이래 생존을 위한 예산에 머물러 있다고 불만을 토로했으며 대부분의 군 장비들이 폐기되거나 교체되어야 한다고 주장했다. 1962년 전국의 지방 군지위부는 정규적인 훈련이 불가능한 환경에 처해 있다고 보고했다. 크루엘 장군은 굴라 대통령에게 부적절한 재정지원이 재앙적인 상황을 만들고 있다고 경고했다.

우익과 군부는 헌법 개정을 요구하는 굴라의 요청은 단순히 급진적인 민족주의자들의 정권 인수를 가리기 위한 것이라고 비난했다. 공공연하게 그림자 정부를 만들어 정부를 강하게 압박하는 캠페인을 펼치고 거리집회를 열기도 했다. 비밀리에 브라질리아 외곽에 대농장주들을 무장시켰으며, 정부를 무너뜨리고 반대파들을 결집시키는 계획을 진행 중이었는데 미국은 이러한 활동을 지원하고 있었다.

이런 상황에도 브리졸라는 자신은 200,000명의 강력한 전위대를 11개 그룹으로 조직해 놓았다고 바보스럽게 허풍을 떨었다. 반대파들은 혁명전쟁 상태를 가중시키는 원인을 정부에게 떠넘겼다. 1964년 4월 이전 육군장교학교의 직원들과 학생들이 굴라에 반대하는 운동을 지원해야 한다고 장교들을 설득했다.

그림 28) 상파울루 시내의 장갑차

이러는 과정에 웅베르트 지 알렌카르 카스텔루 브랑쿠(Humberto de Alencar Castelo Branco) 제독이 반란군에 참가했다. 카스텔루 브랑쿠는 이탈리아 파병에 참전했으며 육군장교학교 연구책임자였으며 군사학교 교장으로 오랫동안 복무했던 군인이었다. 장교들은 합리적인 경제발전, 국내 안보와 제도적 안녕은 경제적·정치적 구조가 변화되어야만 달성된다고 믿고 있었고 시민 지도자들은 필요한 변화를 진행시킬 의지가 없는 것으로 파악했다.

굴라는 좌익과 우익의 공격을 피하기 위해 기본 개혁을 발표하고 대중 집회를 연속적으로 개최했다. 기본 개혁 내용은 파울루 프레이리가 주장하는 방법을 통해 문맹을 퇴치 프로그램, 대학개혁과 사립학교 운영 금지, 국내 소득세의 15%를 교육에 투자하는 교육개혁, 다국적 기업의 이익송금을 제한하고 개인 소득세의 도입을 포함한 세제개혁, 문맹자와 하위 군 장교들에게 투표권을 주는 선거개혁, 정부 주도로 600헥타르 이상의 대토지를 몰수하여 재분배하는 토지개혁, 도시지역에서 일가구 일주택을 규정하는 도시개혁이었다. 기본개혁은 부자와 가난자, 도시와 농촌이라는 이분법적인 구조를 표면으로 드러나게 했고, 기득권층의 반발을 살 수밖에 없었다.

1964년 3월 23일에 히우에서 개최된 대규모 집회에서 굴라는 토지개혁과 지대통제 법령을 포고하고 더 많은 것들을 약속했다. 정부의 집회에 반대하는 집회가 6일 후 상파울루에서 개최되어 500,000명이 거리를 행진했다. 히우에서는 선원들과 해군 군인들이 반정부 폭동을 일으켰다. 소란은 일촉즉발의 위기에 직면했다. 히우의 코헤이우 다 망냐(Correio da Manhã)지는 부활절 일요일 흐의를 발간했다. 브라질 정부의 해체가 임박했으며 내일 일어 날 것이라는 제목이었다. 이는 1964년 3월 31일에 일어났다. 그 후 이틀 동안 군대가 브라질리아를 점령했으며 굴라는 우루과이로 망명했다.

10. 권위주의 정권의 정치실험

1964년 초 민중의 요구가 확산되었으며 보수 세력들은 사회적 대립을 극대화하면서 굴라정권을 궁지로 내몰았다. 군부가 쿠데타를 일으키면서 브라질의 정치적 민중주의 시대는 종말을 고했다. 군부체제는 1964년 3월 31일 쿠데타를 통해 수립되었다. 권력을 장악하는 군부는 권위주의, 헌법적인 권리 억압, 정치음모, 반대세력들에 대한 투옥과 고문, 언론매체의 검열로 점철되는 군부 독재체제를 구축했다.

굴라 대통령이 물러난 이후 하니에리 마첼리(Ranieri Mazzelli) 하원의장이 1964년 4월 15일까지 임시 대통령직을 수행했다. 그러나 실질적인 권력은 혁명사령부의 군사위원회가 지니고 있었으며, 이 위원회의 구성원들은 코스타 이 실바(Costa e Silva), 아우구스투 하데마케르(Augusto Rademacker), 브리가데이루 코헤이아 지 멜루(Brigadeiro Correia de Melo) 등이었다. 위원회가 발표한 제1호 제도법령에 따라 1946년의 헌법은 유지되었으나 많은 부분이 수정되었다. 제도법령은 1964년에서 1978년까지 제16호까지 발표되었다. 1964년 4월 9일 발표된 제1호 제도법령에 따라 모든 권력이 군부로 이양되었으며 6개월

간 개인적인 정치활동이 금지되었다. 쿠데타 이후 의회가 카스텔루 브랑쿠를 대통령으로 선출하였으며 1964년 4월 15일에 공식적으로 대통령에 취임했다.

집권 초기의 변화에 따라 육군 장교들은 자신들의 직업적 의무를 다하는 그룹과 국위를 위협하는 잔당과 공산당들을 물리쳐야 한다는 강경파로 나누어졌다. 강경파들이 승리하여 브라질을 정치학자들이 말하는 권위주의적 상황으로 끌고 갔다. 강경파들은 군내부의 의견과 사회저항을 무시하고 자신들의 정치적 의도를 그대로 드러냈다. 그러면서도 미국과 국제사회의 비난을 피하기 위해 자유적인 헌법주의 제도를 유지했다. 미국은 라틴아메리카에서 사회주의의 확장을 막기 위해 반공산주의나 반사회주의 입장을 나타내는 권위주의 정부들을 암묵적으로 인정했다. 물론 표면적으로는 권위주의 정권에 대해 달갑지 않은 표정을 보였지만 냉전구도에서 승리하는 것에 많은 관심을 지니고 있었다.

그래서 미국의 역할은 좀 복잡했고 때때로 모순적인 측면을 지니고 있었다. 반굴라 선전이 1963년 한 해 동안 계속되었는데, 1964년에 존슨 행정부는 이러한 언론 캠페인을 지원하고 있었다. 더구나 링컨 고든(Lincoln Gordon) 대사가 1962년 지방선거에서 반굴라 후보에게 돈을 주고 음모를 조장했다는 것을 인정했다. 당시 미국의 많은 군대와 정보원들이 브라질에서 활동하고 있었으며, 항공모함 포레스틀(Forrestal) 호와 유조선이 '샘 형제(Brother Sam)'라는 암호명으로 해안에 대기 중이었다. 쿠데타 중 필요할 경우 상륙할 계획이었다. 결국 워싱턴 정부는 쿠데타 정부를 곧바로 승인했고, 민주적인 군대의 쿠데타가 국제공산주의의 손에서 브라질을 구했다고 칭찬했다. 되돌아

보면 미국이 쿠데타에서 중요한 행위자는 아니었으나 쿠데타에 포함된 외국은 미국뿐이었다.

힘으로 지킨 권위주의 정부

쿠데타 성공 이후 카스텔루 브랑쿠는 1964년 4월 11일에 의회에서 찬성 361표, 기권 72표로 대통령에 선출되었다. 1964년 4월 15일 취임할 때 1961년 1월 31일에 시작된 자니우 콰드루스의 잔여 임기를 승계하는 형태였기 때문에 1966년 1월 31일까지 정권을 유지할 수 있었다. 그러나 1965년 10월 3일로 예정되어 있던 직접선거를 취소하고 1965년 10월 3일에 의회 선거에서 코스타 이 실바가 당선되어 대통령에 취임한 1967년 3월 15일까지 집권했다.

집권 초기에 제도법령을 통해 정치를 장악했다. 제도법령 제1호는 시민단체의 결사의 자유를 구속하고 노조의 파업과 활동을 제한시키는 것이었다. 제도법령 집행을 위해 1964년 6월 13일에 국가정보원(Serviço Nacional de Informações, SNI)을 창설했다. 이렇게 하여 시민사회의 정치활동을 감찰할 수 있는 기관과 능력을 갖추게 되었다. 또한 1965년 10월 27일에 제도법령 제2호를 발표했는데 기존 정당을 해산하고 대통령 선거를 직접선거에서 간접선거인 선거인단 선거로 뽑도록 바꾸었다. 또한 대통령이 의회를 해산할 수 있는 강력한 권한을 갖게 되었다. 같은 해 11월 4일 수정법안을 발의해서 다당제를 양당체제로 바꾸었다. 이에 따라 13개 정당을 여당인 국가혁명연합당(Aliança Renovadora Nacional, ARENA)과 야당인 브라질 민주운동(Movimento

Democrático Brasileiro, MDB)으로 통합했다. 양당 체제는 1979년 정당 활동 자유화가 실시될 때까지 유지되었다. 양당체제는 정치적 논쟁을 줄이고 안정적인 국정운영에 도움이 될 것이라고 판단했다. 이러한 정치개혁에서 가장 중요한 기준은 조국, 국가안보와 새로운 정치 체제를 공고히 할 수 있는가에 있었다. 이에 따라 정치·사회적 부조리와 부정부패를 철폐하고 공산주의 체제가 브라질에 뿌리 내리지 못하게 하는 것이었다.

대통령 선거방식을 여당에게 유리하게 조정한 이후 주지사와 시의원 선거제도에도 개혁을 실시했는데, 특히 상파울루, 미나스제라이스와 히우 지 자네이루의 주지사 선거에서 패배할 것이 예상되자 1966년 2월 5일에 제도법령 제3호를 발표하고 국가안보를 이유로 주지사와 시장선거를 간접선거로 바꾸었다. 결국 1966년 10월에 의회를 해산하고 이듬해 제도법령 제4호를 발표하여 새로운 브라질 헌법을 발의했다. 1967년 1월 24일에 신헌법이 제정되었는데 군부의 권력 장악을 정당화하고, 행정부의 권력을 강화시키고, 간접선거를 실시하며 주정부의 자율성을 축소하는 것이 주요 내용이었다. 그동안 제도법령으로 유지되어 오던 권력의 정통성을 헌법을 통해 확인하고자 했다. 한마디로 신헌법은 군부 권위주의 정권의 정치체제를 결정짓는 것이었다.

정치개혁이 군부정권의 정권을 장악하기 위한 법적인 토대를 구성하는 것이라면 경제개혁은 군부정권이 들어선 정당성을 설명해 주는 지표였기 때문에 매우 중요한 부분이었다. 군부정권은 인플레이션, 외국인 투자, 국내 생산성 향상에 초점을 둔 정책을 추진했는데, 1차적으로 인플레이션을 잡기 위해 크루제이루를 크루제이루 노부

(Cruzeiro Novo)로 화폐개혁을 단행했다. 통화개혁을 통한 인플레이션 억제정책은 단기적인 측면에서 성공했다고 할 수 있다. 물가안정 정책에 성공한 군부정권은 경제개발 정책을 추진했는데 호베르투 캄푸스(Roberto Campus)와 옥타비우 골베이아 지 불룡이스(Otávio Golveia de Bulhões)가 경제활동계획(PAEG)을 수립했다. 경제활동 계획을 통해 인플레이션을 안정시켰고 미국의 영향을 받아 브라질 경제와 국가 근대화에 주력했다.

  카스텔루 브랑쿠 정권의 주요 경제정책은 농업개혁, 경제개방, 인플레이션 억제정책, 사회보장제도와 대규모 건설 사업 등이었다. 농업개혁은 농업개혁연구소를 설립하고 농지개혁을 비롯하여 내륙지방으로의 이주정책을 포함한 많은 정책들을 추진했다. 농업정책이 국내 농업 생산성 증대와 재배면적 확대를 위한 것이었다면, 경제개방은 내륙으로 진출하고 물류를 원활하게 하기 위한 도로 건설과 같은 대규모 건설공사에 필요한 자본을 유입하기 위한 것이었다. 정치적 안정을 바탕으로 많은 외국인 투자가 몰려왔는데 다국적 기업들이 인프라 구축 외의 산업에도 투자하여 많은 부를 축적할 수 있었다. 외국인 자본이 자유롭게 유입되면서 국내자본, 외국자본과 국가가 하나의 연대를 형성하여 표면적으로는 국내 산업 생산을 증대시켰으나 브라질 경제의 외부의존도를 높였다. 외국인 투자는 투자위험성과 수익성을 기준으로 유입되는데 인플레이션이 1964년에서 1967년에 안정적인 수준을 유지하고 있었던 것에 힘입은 것이었다. 국내 생산 증대에 따라 국내 소비 시장을 확대할 필요성에 따라 신용 규모를 확대했다. 특히 신용확대로 중산층이 넓어져 가전제품과 자동차 구매가 증가했다. 실질적인 구매력 증가로 이득을 보고 있던 중산층들이 군부정권을 지지하게 되었다. 북부와 남부, 서부와 동부를 연결하는 철도 부설사업은 건설비용이 엄청나게 늘어나면서 중도에 포기되었다.

이와 같이 카스텔루 브랑쿠 정권은 군부 권위주의 체제가 운영될 수 있는 기틀을 마련했다. 정치체제에서는 양당체제의 정당, 확대된 강력한 대통령의 권한, 출판을 비롯한 언론 검열과 통제, 시민단체의 정치 활동 금지, 노조 활동 금지, 정치인들에 대한 감찰 등을 통해 유지되었다. 경제체제는 대외 개방을 확대하여 외국인 자본, 국내 자본과 국가가 삼각 동맹을 구축하여 작동하는 순환 시스템을 만들었다.

제도법령 5호와 경제기적

코스타 이 실바 대통령은 1967년 3월 15일에서 1969년 8월 31일 뇌출혈로 사망할 때까지 집권했다. 취임할 때 민주주의 정치체제의 회복과 경제발전에 대한 기대를 한 몸에 받았다. 그런데 아이러니하게도 취임과 동시에 대통령의 의회 해산권을 보장하는 신헌법이 시행되면서 기대와는 정반대로 정치상황이 전개되었다. 1968년 4월 17일 68개 지방에 계엄령을 선포하고 대통령이 시장을 직접 임명했다. 같은 해 12월 13일에 제도법령 제5호를 발표했다. 대통령이 의회 해산권을 지니고 정치인들을 체포할 수 있었으며 억압적인 제도를 마련했다. 제도법령 제5호로 모든 언론들이 검열을 받았으며 정치활동은 일시 중단되었다.

그러는 가운데 대통령이 뇌출혈로 사망하자 부통령인 페드루 알레이슈(Pedro Aleixo)가 승계해야 했지만 군사 평의회(Junta Militar)가

1969년 10월 30일까지 행정부를 장악했다. 결국 1969년 10월 17일에 헌법 수정안(Emenda Constitucional)을 통과시켜 에밀리우 가하스타조 메디시(Emílio Garrastazo Médici)를 국회에서 대통령으로 선출했다. 코스타 이 실바와 메디치 대통령은 강경파를 대표하는 정치군인들이 었는데 브라질이 발전하기 위해서는 권위적인 정부가 필요하다고 주장했다.

메디치 집권기에는 미국대사를 포함한 외교관을 납치하는 도시게릴라와 고이아 북동부에서 농촌 게릴라 단체가 활동하면서 사회적 불안이 증대되었다. 게릴라 소탕 작전을 전가하면서 야당에 스파이를 심어두고 고문을 자행했으며 정부에 의한 실종자가 증가했다. 또한 시민운동과 노조운동은 금지시켰다.

1968년에서 1973년까지는 정치적으로는 가장 강력한 억압정치가 이루어졌지만, 경제적인 부분에서는 눈부신 성장을 기록했다. 실질 GDP 성장률이 연평균 10.8%, 일인당 GDP는 7.9% 성장했다. 반면 인플레이션은 연 20%대로 당시로서는 상당히 낮은 수준이었다. GDP 성장과 인플레이션 안정은 노동자들의 실질구매력이 증가하면서 중산층이 확대되었다. 중산층 가정에서 자동차와 같은 영구재의 소비가 증가했고 텔레비전과 냉장고가 보급되었다. 그리고 북동부의 정글을 간통하는 아마존 횡단 고속도로와 파라나 강에 이타이푸(Itaipu)수력 발전소 건설을 시작했다.

오일쇼크와 정치개방

에르네스투 가이젤(Ernesto Geisel) 장군이 메디치의 승인을 받아 대통령이 되었다. 그는 강경파의 저항에 부딪혔으나 카스텔루 브랑쿠가 가이젤을 지지해 정부여당 후보로 출마했다. 다행히 가이젤 대통령은 자신의 동생인 올란두 가이젤(Orlando Gaisel)도 육군 장관이었으며 메디치 정부의 관료였던 피게이레두(João Baptista de Oliveira Figueiredo) 장군의 절친한 친구였다.

온건파인 에르네스투 가이젤의 정권 승계는 권위주의 정치가 민주정치로 점점 변화되는 신호였다. 그는 권위주의 통치 방식을 완화한다는 의미에서 국면 완화 프로그램을 시행했는데, 불필요한 안보는 줄이고 발전가능성을 극대화시키는 것이었다. 이런 과정은 정치 개방화(Abertura Política)의 일환이었다. 억압의 강도가 높아지면서 저항이 거세지고 경제상황이 점점 악화되면서 사회적 불만이 누적되자 가볍고 점진적이고 확실하게 정치개방을 해야 한다고 발표했다. 여기서 개방화는 군부정권이 그동안 통제해 온 것을 푼다는 의미였다. 이런 결정에 따라 1974년 라디오와 텔레비전 무료 선거 광고를 허용했는데 야당인 브라질 민주운동이 선거에서 압승을 했다. 강경파는 야당 정치인들을 고문, 폭력, 암살 등으로 탄압했지만 민주주의 체제 회복을 열망하는 시민들의 요구를 막지 못했다. 브라질 국민들의 저항과 국제기구들의 압력이 높아지자 군부는 출판에 대한 사전검열을 중지했다.

가이젤 대통령은 오일쇼크에도 불구하고 높은 경제성장률을 유지할 수 있을 것이라고 봤다. 이에 따라 인프라, 고속도로, 통신, 수력발

전소, 광물채굴, 공장과 원자력 발전소 건
설에 많이 투자했다. 이러한 대규모 인프
라 및 자원 개발 프로젝트는 제2차 국가
경제 개발 계획에 적극 반영되어 1인당 국
민 소득 1,000달러, 연간 경제 성장률 10%,
수출 목표 200억 달러, 고용확대 700만 명,
15세 이상 문자해독률 90%, 교육 및 의료
여건 개선, 과학과 기술개발 등이 추진되
었으나 1973년 말에 시작된 석유파동으로
브라질 경제는 상당한 어려움에 봉착한다.

그림 29) 가이젤 대통령

석유파동을 헤쳐 나가기 위해 적극적이고 공격적이면서 실용적인
외교정책을 선택했다. 실용주의 노선에 따라 미국의 냉전 구도에서
벗어나 전 세계로 외교 영역을 확대했다. 브라질은 석유의 80%를 수
입에 의존하고 있었고 이를 확보하기 위해 아라비아와 이라크와 긴
밀한 외교관계를 수립했다. 또한 중국, 앙골라, 모잠비크를 공식적으
로 인정했으며, 일본, 유럽과 남미 국가들과도 외교 관계를 확대했다.
이러한 적극적인 외교정책으로 1975년 카터 행정부의 반대에도 불구
하고 서독과 핵 원자로를 건설하기 위한 협정을 체결했다. 1977년에
카터 행정부가 가이젤 정부의 인권남용을 힐책하면서 위협하자 미국
과의 군사동맹을 단절했다.

1977년부터 차기 대통령 선거를 두고 군부정권 내부에서 온건파와
강경파의 대립이 있었다. 가이젤 대통령은 자신이 선택한 정치인을
대통령에 앉힐 목적으로 대통령 선거인단을 선출하고 야당이 더이상
성장하지 못하도록 억제했다.

민주화와 잃어버린 10년

주앙 피게이레두(João Figueiredo) 대통
령은 1978년 10월 15일에 의회 간접 선거
를 통해 대통령에 당선되었다. 군정 역사
상 처음으로 야당 후보(Euler Bentes
Monteiro)가 경선에 나서는 정치적 변화가
있었다. 아울러 상파울루의 ABC 도시에서
근무하는 금속 노조들의 파업이 더욱 빈
번해졌으며 인플레이션이 초기 연 43%에
서 말기엔 229.7%로 급상승했고 외채는
1,000억 달러에 육박했다. 1979년 8월에 정

그림 30) 탕크레두 네비스

치범과 해외망명자들에 대한 사면령(Lei de Anistia)을 발표하여 미겔
아하이스(Miguel Arraes), 레오넬 브리졸라(Leonel Brizola), 루이스 카
를루스 프레스치스(Luís Carlos Prestes) 등이 정계에 복귀했다. 그리고
정치 개편을 단행하여 국가혁명연합과 브라질 민주운동으로 나뉘어
져 있던 양당체제를 다당제로 전환시켰다. 이렇게 하여 국가혁명연합
당 정치인들이 주축인 사회민주당(PDS), 브라질 민주운동 정치인들
은 브라질 민주운동당(PMDB), 룰라가 주도하는 노동자당(PT), 노동
자민주당(PDT)과 브라질노동당(PTB) 등이 창당되었다.

1982년에는 주지사 선출방식이 직접선거로 바뀌었고 1984년부터
는 대통령 직선제를 요구하는 시위가 전국적으로 확대되었다. '대통
령 직선제(Diretas-já)'를 요구하는 운동이 연일 진행되었고 급기야
1985년 1월 선거인단(Colégio Eleitoral)을 통한 간접선거로 민주연합

그림 31) 민주화 운동 집회

후보로 나선 탕크레두 네비스(Tancredo Neves)가 군부의 후보로 나선 PSD당의 파울루 말루피를 이기고 승리하기에 이르렀다. 하지만 대통령 당선자는 취임 직전인 4월 21일 병으로 사망하여 부통령으로 당선된 조제 사르네이(José Sarney)가 대통령직에 취임했다.

군부정권의 위기는 경제가 악화되면서 심화되었다. 군부정권은 정치적 안정과 경제성장을 달성하기 위해 정권을 창출했다고 주장해 왔다. 그렇기 때문에 경제위기가 확대되면 정치적 위기가 확대될 수 있는 가능성은 매우 높았다. 브라질 경제위기는 1979년 2차 오일쇼크로 국제이자율이 상승하고 인플레이션이 통제 불가능한 수준으로 치솟았으며 외채가 엄청나게 누적되었다. 피게이레두 정부는 대외 수지 개선을 위해 식품, 천연자원, 자동차, 무기, 의류, 신발과 전기 제품 수출을 장려했다. 그리고 부족한 국내 자본을 충당하기 위해 외국기업이 석유탐사를 할 수 있도록 했다. 브라질의 경제발전에 도움이 되는 모든 국가들과 협정을 체결했으며, 미국과는 일정한 거리를 두고 남-북 대화를 통한 협상력을 높이려고 했다. 정권 말기에는 불황에서 벗어나 GDP가 7% 성장을 기록하고 석유의 대외의존도를 낮추면서 대외부분도 일정 정도 안정을 유지했다.

11. 다시 찾은 민주주의

정치 제도화와 경제안정화

1985년 1월 15일에 선거인단은 1950년대 바르가스의 법무부 장관이었고 연방하원이며, 상원이었던 미나스제라이스 출신의 탕크레두 네비스를 대통령으로 선출했다. 네비스는 정직한 정치인으로 정평이 나 있었으며, 간접선거에도 불구하고 네비스 당선자는 브라질 국민들로부터 열렬한 지지를 받았다. 그러나 그는 취임 전야에 갑작스럽게 건강이 약화되어 브라질리아의 바지 병원(Hospital de Base)에 입원했고, 1985년 3월 15일에 부통령 후보였던 주제 사르네이(José Sarney)가 대통령직을 승계했다. 결국 네비스는 4월 21일에 75세를 일기로 사망했으며 4월 22일 주제 사르네이가 공식적으로 대통령직을 인수받았다. 1985년은 브라질의 정치인들뿐만 아니라 국민들에게 새로운 민주주의 체제를 경험하게 하는 중요한 전환기였다.

주제 사르네이 대통령은 브라질 민주주의가 공고화되어 가는 과정을 이끌었다. 대통령직을 승계한 이후 사르네이는 민주연합을 결성하여 율

리시즈 기마량이스(Ulysses Guimarães)가 명명한 신공화정을 이끌었다. 1985년 5월 10일에 헌법수정안으로 시장선거의 직선제가 이루어졌으며, 신당 등록에 필요한 요구조건과 파리티잔 규정을 삭제하는 것 외에 문맹인과 16세 이상 성년에게 투표권이 주어졌다. 이 헌법수정안으로 브라질 공산당(PCB)과 브라질의 공산당(PC do B)이 합법화되었으며 많은 정당이 창당했다. 수정안에는 1988년에 새롭게 공포될 헌법을 위해 제헌의회를 소집한다는 것을 포함하고 있었다.

그림 32) 주제 사르네이 대통령

1986년 11월 15일에 의회가 제헌 권한을 얻었다. 율리시스 기마량이스 하원의장의 주도로 1987년 2월 1일에 신헌법 논의가 시작되었다. 최소한 3개 단체와 최소 3천 명 이상의 서명이 필요한 국민 수정안이 수용된 브라질 역사상 최초의 헌법이었다. 이 헌법은 1988년 10월에 공표되었고 245조, 70개의 이행 조항으로 구성되었으며, 1993년 10월에 의회를 통해 수정할 것을 예정하고 있었으며, 1993년 9월 7일에는 정부형태(입헌군주제와 공화정)와 정부체제(의원내각제와 대통령제)를 결정하는 국민투표를 예정하고 있었다.

신헌법은 임기 5년의 대통령과 삼권분립을 명문화했다. 군부정권에서 사용되던 포고령(decreto-lei)은 의회의 인준 없이 30일간 효력을 발생하는 임시조치법으로 대체되었다. 군부의 권한을 축소시켰으며 시장선거, 주지사 선거와 대통령 선거는 과반수의 득표자가 없을 경우에 1, 2위가 결선투표를 실시하는 규정도 포함되었다. 그리고 16세에서 18세 사이의 청소년에게는 자유투표제를 도입했다.

노동 시간은 주 44시간으로 제한하고 고용안정을 보장했다. 출산휴가를 120일로 연장했고 아버지의 출산휴가는 5일로 허용했다. 노조 활동은 법적으로 보호받으며, 공무원 노조 결성을 보장하고 필수불가결한 서비스를 제외한 노조 운동에서 협상도구로 파업할 수 있는 권한이 부여되었다.

사르네이가 집권한 첫해에 브라질은 225.16%의 높은 인플레이션을 기록했는데 이에 1986년 3월 1일에 질송 푸나루(Dílson Funaro) 재무부 장관이 크루자두 플랜(Plano Cruzado)을 발표했다. 크루자두 플랜은 크루제이루(Cruzeiro)에서 천 단위까지 통화가치를 하락시키고 화폐를 크루자두(Cruzado)로 바꾸는 화폐개혁이었다. 동시에 1년간 임금과 가격을 동결하는 비정통적 안정화 정책이었다. 금융자산과 저축을 조정하기 위해 소비자물가지수(Índice de Preços ao Consumidor, IPC)를 만들었다.

크루자두 플랜은 인플레이션을 억제하고 국민의 구매력을 증가시키는 즉각적인 효과를 나타냈다. 사르네이 정부의 인플레이션 억제 정책이 성공하면서 브라질 국민들은 병적 쾌감에 빠져 많은 사람들이 지출을 증가시켰으며 저축을 포기했다. 따라서 사회 전반에서 소비가 증가했으며 4개월 후 플랜은 무용지물이 되었다. 슈퍼마켓의 진열장에는 상품들의 품귀현상이 나타났으며 공급자들은 최고가격으로 상품을 팔았다. 이러한 연동으로 인해 인플레이션은 다시 상승하기 시작했고 정부는 또다시 선거가 실시될 때까지 가격과 임금을 동결했다.

선거 전략은 명확했는데 정부여당인 브라질 민주운동당은 브라질 주요 주에서 승리했으나, 경제상황은 더욱 악화되고 인플레이션은 사라지지 않았다. 1986년 선거 이후 11월 21일에 2차 크루자두 플랜(Plano Cruzado II)이 발표되었는데 서비스와 상품의 가격을 자유화했으며 임대료는 임대인과 임차인 간의 협상을 통해 가격 조정이 가능하게 되었다. 그리고 담배세와 주세를 인상했다. 2차 크루자두 플랜으로 수출은 극감했으나 수입은 급격하게 증가하여 외환보유고가 고갈되었고 결국 1987년 1월 20일에 모라토리엄을 선언했다. 2차 크루자두 플랜은 전체 소비자 가격을 상승시켰으며 원래의 목적인 인플레이션을 잡는 데 실패했다. 질송 푸나루 재무장관은 2차 크루자두 플랜을 시행한 5개월도 못 되어서 루이스 카를루스 브레세르 페레이라(Luis Carlos Bresser Pereira)로 대체되었다.

브레세르는 1987년 4월 29일에 재무부 장관에 취임했는데, 그다음 달 인플레이션이 23.26%에 이르렀다. 인플레이션 상승은 정부의 세입과 세출 불균형에서 비롯된 공공적자로 인해 가중되었다. 6월에 사르네이 대통령은 브레세르 플랜을 발표했는데 2개월간 임금과 임대료를 동결하고 공공적자를 줄이기 위해 밀에 대한 보조금을 폐지하는 동시에 세금을 인상했다. 그리고 계획되어 있던 남—북 철도 건설, 히우의 석유화학 단지 조성 계획, 히우와 상파울루를 연결하는 고속철도 건설 등을 연기했다. 또한 '물가와 임금 연동제(gatilho salarial)'를 폐지했으며 국가신용도 제고를 위해 모라토리엄을 포기하고 IMF와 협상을 진행시켰으나 좋은 결과를 얻지는 못했다. 결국 1987년 연말 인플레이션율이 366%에 이르렀고 1988년 1월 6일에 브레세르 재무장관이 사임했으며 대신에 마일송 다 노브레가(Maílson da Nóbrega)가 취임했다. 노브레가 장관은 인플레이션 억제를 위한 특단의 조치

없이 인플레이션과 함께 생활한다는 의미에서 'Feijão com Arroz' 경제정책을 발표했으나 인플레이션은 1987년 366%에서 1988년에서는 역사상 가장 높은 933%를 기록했다.

결국 노브레가 장관은 1989년 1월 15일에 새로운 경제정책인 여름 플랜(Plano Verão)을 발표했다. 여름 플랜의 내용은 크루자두 노부(Cruzado Novo)로의 화폐개혁, 가격 동결, 국영기업의 긴영화와 공공지출의 축소 등이었다. 1989년 12월에는 가격이 53.55% 상승했고 1989년 2월에서 1990년 2월까지 인플레이션은 무려 2,751%에 이르렀다.

민주주의 공고화의 길

페르난두 콜로르 지 멜루(Fernando Collor de Mello)는 1960년 이후 최초로 직접투표를 통해 선출된 대통령이었으며, 1988년 신헌법이 정한 절차에 따라 선출된 최초의 대통령이었다. 알라고아스(Alagoas)의 전주지사이자 젊은 정치인이었던 콜로르는 보수 세력의 폭넓은 지지를 받아 2차 결선 투표에서 노동자당의 루이스 이나시우 룰라 다 실바 후보를 물리치고 대통령에 당선되었다. 선거 공약으로 이전 정부의 유산인 인플레이션 억제와 부정부패 척결을 내걸었다. 엘리트들 위해 신자유주의 경제정책을 실시하여 경제 현대화를 이루겠다는 것이었다. 따라서 국가의 역할 축소, 경제정책 시행에서 관료적 통제 폐지, 경제개방, 대외경쟁력 강화와 기업효율성 제고를 위한 지원 등을 약속했었다.

꼴로르 대통령은 취임 다음 날인 1990년 3월 15일에 안정화 프로그램인 콜로르 플랜(Plano Collor)을 발표했다. 콜로르 플랜은 이전의 안정화 프로그램과 같이 가격과 임금의 일시적 동결, 통화조정지수의 재평가, 국영기업과 정부부처의 혁신을 포함하고 있었다. 개혁 프로그램이 추진되면서 많은 공무원, 국영기업의 직원이 해고되었다. 동시에 외국자본과 상품의 국내시장 진입을 쉽게 하려고 경제 개방 수준을 높였다. 경제 현대화와 행정 개혁 플랜은 전체적으로 잘 수행되었다. 대부분의 정치, 경제 엘리트들은 탈규제화와 국가개입 축소를 지지했다.

그러나 1991년에 들어서면서 안정화 프로그램의 난제들이 등장했다. 또한 부정부패 스캔들에 정부 부처 장관을 비롯한 많은 정치인들이 연루되었다는 의혹이 증폭되기 시작했다. 대통령의 영부인이었던 호자니 콜로르(Rosane Collor) 여사가 공급 배임행위와 가족의 불법적인 자금을 지원받아 고소당했다. 이러한 의혹은 한 언론사의 집요한 취재로 드러나게 되었다. 1992년 4월 25일에 대통령의 형인 페드루 콜로르(Pedro Collor)가 '베자(Veja)'와 인터뷰를 가졌는데 이 인터뷰를 통해서 꼴로르의 친구인 파울루 세자르 파리아스(Paulo César Farias)가 조성한 불법 자금을 폭로했다. 이 기사는 엄청난 반향을 불러일으켰으며, 정부의 새로운 불법행위들이 속속 드러나기 시작했다. 의회는 불법행위들을 밝히기 위해 5월 26일에 특별검사위원회를 설치했다.

이 사실들이 알려지면서 전국에서 대중 집회가 개최되었다. 학생들은 대통령의 탄핵을 요구하는 대규모 집회가 개최되었고 의회에서는 대통령 탄핵 투표를 실시했다. 이러한 과정은 1992년 9월 29일 하원에서 먼저 진행되었고 12월 29일 상원에서도 탄핵 투표를 실시했다. 결국 콜로르 대통령은 브라질 역사상 처음으로 탄핵으로 물러난 대통령이 되었다.

12월 29일 콜로르 대통령이 탄핵받은 이후 잔여임기 기간인 1994년 12월 31일까지 이타마르 프랑쿠가 대통령직을 승계했다. 1993년 4월에 신헌법에 예정되어 있던 정부형태와 체제 선택을 위한 국민투표를 실시했다. 그러나 국민투표 참여율은 70%로 저조했지만, 정부형태는 공화정, 정부체제는 대통령 중심제를 원하는 것으로 나타났다.

경제적인 측면에서 정부는 심각한 문제에 직면하게 되었다. 정부는 심각한 재정 불균형 상태에 빠져 대통령의 지위를 위태롭게 했다. 이에 이타마르 대통령은 페르난두 엔리크 카르도주(Fernando Henrique Cardoso)를 재무부 장관에 임명했다. 1994년에 시행하게 될 헤알 플랜(Plano Real)이라는 경제안정화 프로그램을 발표했다.

좌파 사회학자의 보수 경제정책

1994년 헤알 플랜을 실시해 물가안정을 이루고 거시경제를 안정시켰다. 자연히 그의 선거 공약도 안정화 프로그램을 지속해야 한다는 것에 초점을 맞추고 있어 통화안정과 헌법개혁을 강조했다. 카르도주는 중도파인 브라질 사회민주당(PSDB)과 우파인 자유전선당(PFL)의 연합과 정부의 지원을 받았다. 대통령 선거 1차 투표에서 승리하여 1995년 1월 1일 대통령에 취임했다. 브라질은 단임제 대통령제였는데, 1차에 한해 연임이 가능하도록 헌법을 수정하여 1998년 10월에 실시한

그림 33) 카르도주 대통령

대통령 선거에서 다시 한 번 룰라를 물리치고 대통령에 당선되었다.

카르도주 대통령이 취임한 1995년 1월 1일에 콜로르 전 대통령이 서명했던 아순시온 협정(Tratado de Assunção)이 발효되면서 남미공동시장(Mercosul)이 출범했다. 우루과이, 파라과이, 아르헨티나와 브라질 간의 협정은 자유무역지대를 설치하는 것이었다. 이 협정을 통해 회원국들 간 자유무역, 노동과 자본의 자유로운 이동이 이루어지면서 많은 마찰이 발생했는데, 특히 1999년 브라질의 화폐인 헤알의 평가절하로 인해 더욱 심화되었다. 그럼에도 불구하고 칠레와 볼리비아가 공동시장에 가입하여 남미의 경제 활성화에 많은 도움을 주었다.

카르도주 대통령은 집권 첫해에 경제만큼이나 정치에 많은 노력을 기울였다. 헌법 수정안을 통과시키기 위해 의회 내에 자신의 정치적 기반을 확대했다. 헌법 수정안은 브라질의 현대화, 경제안정화와 경제성장 회복에 필수적인 것들이었다. 특히, 헌법 수정안에는 외국자본에 대한 무차별에 기초하여 국영기업의 개념 변화, 정보통신과 석유의 독점을 폐지하는 내용이 포함되어 있었다. 이와 함께 의회에서는 사회보장제도, 공무원 정관 등이 논의되었다. 정부는 정치 후원자들의 특권을 제한시키는 것을 인정하지 않는 하원을 비난했다.

카르도주 대통령은 재무장관 시절 시행했던 헤알 플랜을 지속적으로 추진했으며 국내수요를 축소하기 위한 이자율 인상, 수출촉진과 무역수지 균형을 위한 환율 평가절하와 같은 경제 조정 정책들을 발표했다. 정부는 헤알 플랜으로 인플레이션을 낮은 수준에서 통제하고 있었다. 그러나 브라질 경제는 대규모 실직, 소비감소 등으로 불황조짐이 나타나고 있었다. 경제활동 위축은 공업과 농업 부분의 실업을 증가시켰으며, 농업부문의 개혁이 지연되면서 농촌의 대립을 악화시켰다.

좌파 노동자의 중도 정책

룰라는 노조운동의 지도자로 출발해 브라질에서 가중 중요한 정치인으로 성장한 입지전적인 인물이다. 상파울루 위성 도시인 ABC지역의 금속노조의 노조위원장으로 임금인상과 노사문제에 많은 관심을 가지고 있다 1979년에 군부가 다당제를 허용하면서 노동자당을 창당하여 브라질 민주화를 이끌었다 이미 1989년에 실시된 대통령 선거부터 2006년 대통령 선거까지 무려 다섯 차례나 대통령 후보 지명을 받았다. 2002년 대통령 선거에서 승리하기 전까지 세 번이나 대통령 선거를 경험했다. 룰라는 체 게바라 셔츠와 그의 무성한 턱수염으로 알려진 공격적인 노동 운동 지도자이며 투사의 이미지였다. 대통령 선거에서 보수진영을 대표하는 브라질 민주사회당의 주제 세하(José Serra)를 물리치고 당선되었다.

정치적인 측면에서 볼 때 룰라의 집권은 브라질이 비로소 민주주의가 제도화되고 과거 군부정권과 토수 세력으로부터 벗어났다는 것을 상징적으로 나타내 준다. 그의 당선으로 브라질도 라틴아메리카 좌파 블록에 들어갈 것이라는 관측이 지배적이었다. 그런데 룰라는

그림 34) 룰라 다 실바 대통령

베네수엘라의 우고 차베스를 중심으로 연대를 형성하고 있는 볼리바리안 연대를 거부하고 온건 좌파를 선택했다. 룰라의 선택은 노동자당을 비롯한 좌파 정치인들로부터 변절자라는 비판을 받기도 했지만 중도 좌파 노선을 분명히 했다. 과거에 주장한 극단적인 사회변화 대신 개혁노선을 선택했고 새로운 은퇴, 세금, 노동 관련의 법을 통과시켰으며 또한 대학교육의 변화에 대

해 토론했다. 브라질 노동당의 몇몇 분파가 이러한 중도적인 변화에 거부하고 노동 조직당이나 사회주의적 노동자 연합당, 자유사회당 같은 반체제적 성격을 지닌 당으로 이탈했다.

룰라는 최우선적으로 사회 프로그램을 실시했다. 이전 정부에서 추진한 굶주림을 근절시키자는 '기아제로(Fome Zero)'를 확대하여 시행했다. 기아제로는 '모든 브라질인들의 하루 세끼 식사를 보장한다.' 라는 대선 공약에서 시작되었다. 건조지역에서 물탱크 건설, 청소년 임신 반대 운동, 가족농업 강화, 빈민층에 대한 지원금을 지원했다. 가족농업 강화 산업은 소작인에게 무상으로 농사를 지을 수 있는 토지를 제공하고 농업기술을 가르침으로써 지주의 착취에 의한 소작인들의 만성빈곤을 개혁하는 토지개혁 프로그램이다. 또한 과거 캄피나스의 주제 호베르투 마갈량이스 테세이라 시장이 처음 시작했던 조건부 학습 지원 프로그램 볼사 에스콜라(Bolsa Escola) 프로그램을 볼사 파밀리아(Bolsa Familia)[5]라는 이름으로 확대하여 실시했다.

또한 룰라의 재임기간 동안 브라질은 높은 경제 성장률을 기록해

채무국에서 채권국으로 전환됐고, 세계 8위 경제국으로 성장했다. 또한 빈민들에 대한 식량 무상제공, 저소득층 생계비 지원 등의 복지정책 등이 높은 호응을 얻었다. 룰라는 보수 세력을 러닝메이트로 지목했고, 우파 정당과 정책연합을 구성하는 등 반대성향의 세력들과의 소통에도 노력했다. 2010년 12월 29일 여론조사기관에서 룰라의 퇴임을 앞두고 실시한 조사에 따르면 룰라 대통령에 대한 브라질 국민의 지지율은 87%였다.

---

5) 볼사 파밀리아는 조건부 보조금 제도로 자녀교육, 건강진단, 백신접종 등과 같은 조건 하에 빈곤 가정에서 생활 보조금을 지원한 빈곤 감축 사업이다.

브라질 연표

포르투갈인의 도착과 식민

1500년 4월 22일 알바르스 카브랄(Alvares Cabral) 브라질 발견

1501년 1차 탐험대 파견

1502년 파우(pau-brasil) 나무와 노예무역을 위해 포르투갈 왕정과
　　　 페르난두 지 누로냐(Fernando de Noronha) 간이 협정 체결

1503년 2차 탐험대 파견

1504년 상 주앙(Capitania de São João) 세습 봉토제

1516년 1차 해안 경비대 파견

1519년 페르낭 드 마갈랑이스가 히우 지 자네이루 사탕수수 농장
　　　 건설

1526년 2차 해안 경비대 파견

1530년 마르틴 아폰수 드 소우자(Martim Afonso de Souza)의 식민
　　　 원정대 파견

1532년 상비센치(São Vicente) 건설

1534년 상비센치 봉토제에 가축이 도입되고 세습 봉토제 시작

1535년 올린다(Olinda)에 설탕공장 건설

1538년 아프리카 흑인 노예가 브라질에 최초로 도착

1549년 도메 지 소우자(Tomé de Souza) 제1대 총독 부임

1553년 두아르트 다 코스타(Duarte da Costa) 총독 부임

1554년 상파울루(São Paulo) 건설

1558년 멩 지 사(Mém de Sá) 총독 부임

1565년 히우 지 자네이루(Rio de Janeiro) 건설

1567년 히우에 프랑스군 침입

1568년 브라질 북동부로의 흑인 노예무역 시작

1580년 포르투갈 스페인에 합병

1595년 제임스 랭캐스트, 헤시피(Recife) 침입

1614년 바이아(Bahia)에 최초의 가축 시장 개장

1624년 바이아 주에 네덜란드 침입

1630년 페르남부쿠에 네덜란드인 침입

1636년 포도 숙성주인 아구아르덴치(aguardente)의 제주 금지

1637년 나사우(Nassau) 총독의 부임

1640년 포르투갈 스페인으로부터 독립, 상파울루에서 예수회 추방

1645년 페르남부쿠 반란 시작

1649년 브라질 무역회사(Comércio do Brasil) 설립

1654년 브라질에서 네덜란드인 축출

1655년 브라질에서 소금 채취 금지

1660년 히우 반란

1682년 마라냥 주 무역회사 설립

1684년 백맨(Beckman) 반란

1693년 안토니오 호드리게스 아르자웅(Antonio Rodrigues Arzao) 금 발견

1695년 도밍구스 조르지 벨류가 파우마리스 킬롬보(Quilombo dos Palmares) 파괴

1708년 엥보아다스 전쟁(Guerra dos Emboabas)

1710년 마스카치스 전쟁(Guerra dos Mascates)

1725년 고이아스 지방에서 금 발견

1727년 프랑시스쿠 드 멜류 파레타(Francisco de Melo Palheta)가 커피 도입

1729년 미나스제라이스에서 다이아몬드 발견

1735년 인두세(capitação) 도입

1751년 그랑 파라(Grão-Para) 주와 마라냥 주 설립, 킨투세 도입

1755년 그랑 파라(Grão-Para) 주와 마라냥 주의 무역회사 설립

1759년 카비타니아 제도 폐지, 페르남부쿠와 파라이바 주의 무역회사 설립, 예수회 추방

1777년 동 주제(D. José I)가 사망하고 도나 마리아(D. Maria) 즉위

1789년 미나스제라이스인들의 반란(Inconfidência Mineira)

1792년 도나 마리아(D. Maria) 여왕의 정신병으로 동 주앙(D. João)이 섭정

1798년 알파이아치스의 반란(Revolta dos Alfaiates)

1817년 페르남부쿠 반란(Revolução Pernambucana)

1808년 포르투갈 왕정 히우 천도

1821년 포르투갈 왕정동 페드루 1세(D. Pedro I)를 남기고 포르투갈로 귀환

제1왕정(Dom Pedro)

1822년 1월 9일 동 페드루 1세 브라질에 머무는 것을 결정

9월 7일 독립선언

10월 12일 동 페드루(D. Pedro) 브라질의 왕임을 선포

1823년 최초로 브라질 왕정의 입헌 의원 선거 실시

1825년 우루과이 군대와 시스플라티나 전쟁 시작

1828년 브라질과 아르헨티나는 우루과이의 독립 인정

1826년 마리아 다 글로리아(Maria da Glória)를 포르투갈 파견

1831년 동 페드루 왕이 4월 7일 브라질의 국왕의 자리에서 물러남.

섭정기

1831년 동 페드루 1세가 포르투갈로 떠나 섭정 시작

1832년 페르남부쿠에서 카바누스(Cabanos) 전쟁 시작

1835년 파하푸스와 카바나젠 전쟁 시작(Guerra dos Farrapos, Cabanagem)

1836년 히우-그란지 공화국(Republica Rio-Grandense) 선포

1837년 보수당과 자유당 창설

1838년 발라이다 반란 시작

제2왕정기

1841년 동 페드루 2세(D. Pedro II) 즉위

1845년 파하푸스 전쟁(Guerra dos Farrapos) 종결

1847년 의회제도 도입

1850년 에우제비우 드 케이루스 법(Lei Eusebio de Queiros) 공표

1865년 파라과이와 삼국동맹전쟁 시작

1870년 파라과이 전쟁 종결

제1공화정

1889년 공화정 수립

1893년 군대 반란과 연방주의 혁명

1894년 프루덴치 드 모라이스(Prudente de Morais) 최초의 민선 대
통령으로 당선

1898년 캄푸스 살레스(Campos Sales) 대통령 주지자 제도 도입

1902년 호드리게스 알베스(Rodrigues Alves) 대통령 당선

1914년 벤세스라우 브라스(Venceslau Bras) 통치 시작

1917년 상파울루 공무원 파업

1918년 호드리게스 알베스가 재선되었으나 사망

1919년 파리회의에 참가

1922년 브라질 독립 100주년, 예술주간(Semana de Arte Moderna)

1926년 상파울루 민주당 창당

워싱턴 루이스(Washington Luis) 대통령에 당선

헌법개정을 통해 행정부 강화

1928년 줄리우 프레스치스(Julio Prestes)의 대통령 선거 출마 반대

1929년 제툴리우 바르가스(Getúlio Vargas)를 대통령 후보로 지명

바르가스 집권기 – 신국가체제

1930년 10월 3일 혁명, 워싱턴 루이스를 퇴위시키고 바르가스가 집권

1931년 노동법 공표

1932년 상파울루에서 헌정주의 반란

1934년 신헌법 공표

1937년 쿠데타를 통해 신국가체제(Estado Novo) 형성

1945년 제1차 브라질 작가회의

군부쿠데타로 제툴리우 바르가스 퇴위

에우리쿠 가스파르 두트라(Eurico Gaspar Dutra)가 대통령
에 당선

제2공화정

1946년 입헌의회 설치, 신헌법 공표

1950년 제툴리우 바르가스 대통령에 당선

1954년 바르가스의 자살로 카페 필류(Café Filho) 대통령이 승계

1955년 주셀리누 쿠비체크(Juscelino Kubitschek) 대통령에 당선

1957년 브라질리아(Brasília) 건설 시작

1960년 수도를 브라질리아로 이전, 자니우 콰드루스(Janio Quadros)
대통령에 당선

1961년 8월 25일 콰드루스 사임, 부통령이었던 주앙 굴라(João
Goulart)가 승계

군부정권 – 관료적 권위주의 체제

1964년 군부 쿠데타 발생, 카스텔루 브랑쿠(Castelo Branco) 대통령
취임

1965년 ARENA와 MDB의 양당저

1967년 신연방헌법 공표, 코스타 이 실바(Costa e Silva)가 대통령에
취임

1968년 제도법령 5호(Ato Institucional n° 5) 발효

1969년 코스타 이 실바 병으로 굴러나고 메디시(Medíci) 대통령에
취임

1974년 가이젤(Geisel) 대통령 취임

1979년 주앙 피게이레두(João Figueiredo) 대통령 취임

1982년 11월 15일 주지사 직선제 실시

재민주화

1985년 군부체제 종결

　　탕그레두 네비스가 대통령에 당선되었으나 취임 전에 사망

　　주제 사르네이 대통령에 취임

1986년 크루자두 플랜(Plano Cruzado I e II)

1988년 10월 5일 신헌법 공표

1989년 30년 만에 처음으로 대통령 직선제 실시

1990년 페르난두 콜로르 지 멜루(Fernando Collor de Mello) 대통령

　　에 취임

　　콜로르 플랜(Plano Collor I)

1991년 콜로르 플랜(Plano Collor II)

1992년 콜로르 대통령 탄핵, 이타마르 프랑쿠(Itámar Franco) 부통

　　령이 승계

1994년 페르난두 엔히크 카르도주(Fernando Henrique Cardoso) 대통

　　령에 당선

1998년 페르난두 엔히크 카르도주 재선

2002년 룰라 당선

2003년 1월 룰라 대통령 취임

2011년 1월 지우마 호세피(Dilma Rousseff) 대통령 취임

참고문헌

김영철, 『브라질 문화와 흑인』, (부산, 서종출판사, 2003).

김영철·김용재, 『포르투갈을 만난 아프리카』, (부산, 부산외대 출판부, 2010).

김용재·이광윤, 『포르투갈·브라질 역사 문화 기행』, (부산, 부산외대 출판부, 2000).

백종국 등, 『라틴아메리카 현대사와 리더십: 페론에서 산디노까지』, (부산, 부산외대 출판부, 2003).

이광윤, 『브라질 역사』, (부산, 부산외다 출판부, 2010).

이성형, 『브라질: 역사정치문화』, (서울, 까치글방, 2010).

이승덕, 『브라질 들여다보기』, (서울, 한국외대 출판부, 2007).

_____, "브라질 원주민에 관한 고찰", (중남미 연구 제25권 2호, 2007).

편무원, 『기회의 나라: 브라질』, (서울, 해와달, 2009).

André Prous, O Brasil antes dos brasileiros : a pré-história do nosso país, (Rio de Janeiro: Jorge Zahar Editor, 2007).

Boris Fausto, História do Brasil, (São Paulo, USP, 1995).

Fernando Jorge, Getúlio Vargas e O Seu Tempo: um retrato com luz e sombra I. II, (São Paulo, T. A. Queiroz Editora, 1987).

Leslie Bethell, Brazil: empire and republic, 1822~1930, (New York: Cambridge University Press, 1989).

_____, Colonial Brazil, (Cambridge: Cambridge University Press, 1978).

_____, The Abolition of the Brazilian Slave Trade: Britain, Brazil and The Slave Trade Question 1807－1869, (Cambridge: Cambridge University

Press, 1970).

Robert M. Levine and John Crocitti, The Brazil Reader: History, Culture, Politics, (Durham, Duke Univ. Press, 1999).

Rodrigo Ricupero, A Formação da elite colonial : Brasil c. 1530 - c. 1630, (SP: Alameda, c2008).

Stuart B. Schwartz, Sugar Plantations in the Formation of Brazilian Society, (Cambridge, Cambridge Univ. Press, 1985).

Thomas E. Skidmore, Brazil: Five Centuries of Change, (New York: Oxford University Press, 1999).

_____, Black into White: Race and Nationality in Brazilian Thought, (London, Duke University Press, 1993).

인터넷 자료

Library of Congress, A Country Study: Brazil

http://lcweb2.loc.gov/frd/cs/brtoc.html

http://elogica.br.inter.net/crdubeux/hsarney.html

김영철
金永哲

부산외국어대학교 포르투갈어과 졸업
한국외국어대학교 국제관계학 박사
부산외국어대학교 중남미지역원 HK교수
latin@pufs.ac.kr

「우리나라 기업의 브라질 진출 확대와 교민 활용·방안 연구」(2007)
「브라질의 인종적 유토피아와 킬롬비즘: 흑인의 증족적 영트성 형성과 변천」(2009)
「브라질의 인종 아비투스와 상징적 폭력」(2010)
『라틴아메리카의 문화와 비즈니스』(2007)
『포르투갈을 만난 아프리카』(2010, 공저)

브라질의 **역사**

초판인쇄 | 2011년 7월 25일
초판발행 | 2011년 7월 25일

지 은 이 | 김영철
펴 낸 이 | 채종준
펴 낸 곳 | 한국학술정보㈜
주   소 | 경기도 파주시 문발동 파주출판문화정보산업단지 513-5
전   화 | 031) 908-3181(대표)
팩   스 | 031) 908-3189
홈페이지 | http://ebook.kstudy.com
E-mail | 출판사업부 publish@kstudy.com
등   록 | 제일산-115호(2000. 6. 19)

ISBN   978-89-268-2448-1 93940 (Paper Book)
        978-89-268-2449-8 98940 (e-Book)

이담 books 는 한국학술정보(주)의 지식실용서 브랜드입니다.